社群新零售

新零售时代企业
转型升级的利器

主编 / 袁海涛
副主编 / 翁霓燕 王健 魏章川

本书对社群新零售进行了全面系统的阐述，内容包括：企业困境的根源是什么；社群商业模式剖析；社群新零售模式如何"治疗"企业内伤；社群新零售典型案例解析；社群新零售第一层：产品销售；社群新零售第二层：社群运营；社群新零售第三层：平台化运作；企业如何启动社群新零售；社群新零售的发展趋势。

本书适合企业创始人及高管、创业者、企业社群运营团队、实体店店主等相关人群阅读。

图书在版编目（CIP）数据

社群新零售 / 袁海涛主编. —北京：机械工业出版社，2019.6
ISBN 978－7－111－62835－4

Ⅰ.①社… Ⅱ.①袁… Ⅲ.①社区-零售业-商业经营 Ⅳ.①F713.32

中国版本图书馆 CIP 数据核字（2019）第 101191 号

机械工业出版社（北京市百万庄大街 22 号　邮政编码 100037）
策划编辑：解文涛　　　责任编辑：解文涛
责任校对：李　伟　　　责任印制：张　博
北京铭成印刷有限公司印刷
2019 年 6 月第 1 版·第 1 次印刷
170mm×242mm·12.5 印张·1 插页·157 千字
标准书号：ISBN 978－7－111－62835－4
定价：58.00 元

电话服务　　　　　　　　　　　网络服务
客服电话：010－88361066　　　机 工 官 网：www.cmpbook.com
　　　　　010－88379833　　　机 工 官 博：weibo.com/cmp1952
　　　　　010－68326294　　　金 书 网：www.golden-book.com
封底无防伪标均为盗版　　　　　机工教育服务网：www.cmpedu.com

编　委　会

主　任（兼主编）　　　袁海涛

副主任（兼副主编）　　翁霓燕　王健　魏章川

委　员　　陈星伊　李　汶　刘玉莲　张家强
　　　　　　陈　哲　叶志勇　马启军　李海峰
　　　　　　滕　月　张开凤　吴　建　任　羿
　　　　　　王俊杰　吴文高　于　灏　肖　晨
　　　　　　王　攀　张少杰　聂　燕　丛才卜
　　　　　　胡庆华　何金霞　杨　静　沈　华
　　　　　　刘晓娜　汪　洋　黄金哲　罗　敏
　　　　　　郑　惠　袁　戎　王明坤　邓青山
　　　　　　韩成英　祝淑婧　王庆胜　李佰儒
　　　　　　董顺立　李诚民

前 言
Preface

这是一个觉醒的时代，企业在觉醒，希望自己的产品直达用户；用户在觉醒，希望直接找到自己需要的产品，而且物美价廉。碎片化、体验经济、情感营销逐渐代替了广告和明星代言，成为人们购买路径的关键决定因素。所有的中间环节都在被摧毁，信任和情感超越了基本需求，成为成交的必备条件。

伴随互联网的快速发展，传统电商流量红利渐失，获客成本越来越高，企业不堪重负，迫切希望找到低成本高转化的营销路径，为此在不停地尝试和探索，但始终没有答案。

虽然我们一直生活在社交关系中，但是直到拼多多的上市，才让更多人进一步切身体验到了社交关系的威力。社交关系和新零售的结合，产生了社交零售这种商业模式，让企业眼前一亮，迅速得到了很多大型传统企业的重视。

2018年1月，国内乳业巨头蒙牛推出第一款纤维奶昔牛奶"慢燃"，在投放模式上采取了新零售的人人社交和人人成交的模式。以社交媒介为工具，打通营销链和供应链，建立多场景营销，并实现"云库存零囤货"。上市半年销售收入近10亿元，建立了蒙牛对社交零售的信心。2018年9月，蒙牛推出了第二款新零售产品，蒙牛凝纯胶原蛋白肽晶萃，找来了明星马思纯作为代言人兼合伙人，大举进军社交零售。

除了蒙牛，娃哈哈、王老吉、协和药妆、九阳等巨头也纷纷涉足社交零售，加上云集、环球捕手、贝店、每日一淘等社交零售平台的强势崛起，社交零售和社区团购成了2018年异常火爆的名词。

但是，我们必须看到，一个模式的先进性，归根结底在于能否为终端用户创造更大的价值，为用户提供物美价廉的产品，提高人们的生活水平。社交零售的火爆，是因为充分利用了社交关系中的信任和情感促进了成交，但是如果产品品质不够好，价格不够合理，不能持续贡献价值，随着信誉账户被不断提现，势能会越来越低，成交会越来越难，最后无法维系。某些项目和平台从最开始的轰轰烈烈到最后的惨淡收场，也都在验证着这个规律。

所以，一个先进的模式，不能仅仅停留在产品层面，必须进化到用户层面、升级到平台层面，产品和用户并行，销售和教育并行，线上和线下并行，从一维模式升级到三维模式，高维攻击低维，才能处于不败之地。

基于以上原则和实操落地多个项目的经验教训，我总结了一套新模式，取名为"社群新零售"。所谓社群新零售，就是基于社群关系，以用户为中心，以用户需求为驱动，通过供应链重构和线上线下融合，实现按需定制的新型零售模式。如下图所示，它分为三个层次：产品销售，社群运营，平台化发展；并分别打造三个体：利益共同体，精神联合体，命运共同体。三层互动，共享共创，按需定制，按劳分配。

社交零售关注的重点是产品销售，打造的是利益共同体，容易陷入割韭菜的状况。

社群新零售关注的重点是用户，打造的是利益共同体、精神联合体和命运共同体，具备可持续发展的基因。

社交零售是低维的社群新零售，社群新零售是高维的社交零售。

从2017年开始，我和小伙伴们用这套模式帮助多家企业，包括两家上市公司实现了飞速发展，新增业绩几千万元到几亿元，验证了这套模式的巨大威力。

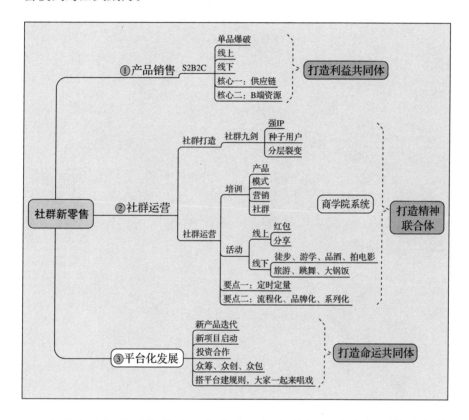

本书内容涵盖"为什么、做什么、怎么做"三个角度，既有方法论，又有落地流程和工具，还有实际案例。无论从理论高度还是实操性上，都力求达到新高。用社群新零售打造社会化企业，是企业转型升级的必由之路。希望本书能让更多企业和个人清晰地认识社群新零售，了解、接受和掌握社群新零售，希望能尽快涌现出一批优质的标杆性的社群新零售企业和项目，带动更多人参与其中，为中国企业的转型升级和顺利发展贡献自己的力量。

目 录

前言

1 第一章 企业为什么这么难？/ 001

1.1 企业的困境 / 002
1.2 困境的根源是什么？/ 004
   1.2.1 工业化时代的购买路径 / 005
   1.2.2 移动互联网时代的购买路径 / 006
   1.2.3 困境的根源 / 010
1.3 这些方法有效吗？/ 011

2 第二章 社群商业模式到底是什么？/ 013

2.1 社群的概念 / 014
   2.1.1 社群的定义 / 014
   2.1.2 社群到底有多重要 / 017
2.2 社群商业模式 / 021
   2.2.1 伟大的定位理论 / 021
   2.2.2 定位理论的新发展 / 024
   2.2.3 三段论、六个字 / 029

3 第三章
社群新零售横空出世 / 033

3.1 社群新零售模式解析 / 034
3.1.1 模式的由来 / 034
3.1.2 模式的设计原则 / 035
3.1.3 三个层次、三个体 / 037

3.2 社群新零售案例 / 042
3.2.1 年销售20多亿元的健康产品 / 042
3.2.2 尝鲜社群路线的茅台白金酒 / 044

4 第四章
社群新零售第一层：
产品销售 / 045

4.1 S2B2C的概念 / 046
4.1.1 S2B2C的解释 / 046
4.1.2 S2B2C的认知层次 / 047

4.2 微商模式和S2B2C一样吗？/ 051

4.3 S2B2C的三个要点 / 053
4.3.1 产品够硬 / 053
4.3.2 B端够强 / 054
4.3.3 供应链够厚 / 055

4.4 S2B2C的案例 / 055
4.4.1 山西美特好超市 / 055
4.4.2 爱库存 / 056

第五章
5 社群新零售第二层：
社群运营 / 059

5.1 如何打造有长寿基因的社群 / 061
5.1.1 悲催的社群现状 / 062
5.1.2 社群构建九剑 / 063

5.2 社群运营三板斧 / 081
5.2.1 内容运营 / 082
5.2.2 活动运营 / 088
5.2.3 用户运营 / 099
5.2.4 社群运营的工具 / 102

5.3 社群状态地图 / 110

5.4 社群营销公式 / 115
5.4.1 打造 IP / 115
5.4.2 种子用户 / 119
5.4.3 分层裂变 / 122
5.4.4 持续转化 / 124

5.5 社群运营案例解析 / 128
5.5.1 简书社群 / 128
5.5.2 灵魂有香气的女子 / 130
5.5.3 吴晓波频道 / 132

第六章
6 社群新零售第三层：
平台化运作 / 135

6.1 平台化的两个方向 / 136
6.1.1 企业通过跨界合作实现平台化 / 136
6.1.2 群成员自启动项目实现平台化 / 137

6.2 平台化的四种方法 / 138
6.2.1 众智选产品 / 138
6.2.2 众筹做项目 / 140
6.2.3 众创做内容 / 141
6.2.4 众包做社群 / 142

6.3 平台化运作案例解析 / 144
6.3.1 面包公社 / 144
6.3.2 一起开工社区 / 147

7 第七章
企业如何启动社群新零售 / 149

7.1 打造自己的社群新零售系统 / 150
7.1.1 社群新零售系统的模块架构 / 150
7.1.2 企业启动社群新零售的流程 / 152
7.2 和现有的新零售平台合作 / 158

8 第八章
社群新零售的发展趋势 / 159

8.1 越来越多的实体企业拥抱社群新零售 / 160
8.2 真正的社群新零售平台异军突起 / 162
8.3 社会化企业不断涌现 / 162
8.4 自由人的自由联合趋势明显 / 164
8.5 新技术驱动提高效率、降低成本 / 166
8.6 社区成为流量的主要入口 / 166

附录　关于社群新零售的一些观点 / 169
欢迎加入众生活 / 173
编者寄语 / 175

第一章
企业为什么这么难？

1.1 企业的困境

我们有一个政府合作项目,为本地的龙头企业提供诊断和咨询服务,在服务的过程中,和创始人、总经理、高管、基层员工都做了访谈和交流,听到最多的一句话就是:企业越来越难做了。20 多家企业,各有各的难处,各有各的问题,归结起来,突出的问题就是两个:第一,库存越来越多;第二,现金流越来越紧张。因为不懂正确的营销,产品卖不出去,造成大量的库存;因为产品卖不出去,不能变成钱,造成现金流紧张;因为缺钱,不敢招募需要的人才,不敢做产品和模式的创新,只能按照老套路一步步爬行,最终形成了恶性循环。

这种情况并非个案,我们来看几个数据。

据不完全统计,淘宝上有超过 1000 万的注册商家,每个月真正活跃的大约有 400 万家,赚钱的大约 100 万家,占总数的 10%。

再看线下,根据网上流传的一份 2018 年超市阵亡名单,15 家超市上市企业 2018 年上半年共关闭门店至少 228 家,较 2017 年同期的 208 家,同比增加 9.62%。其中沃尔玛关闭门店 16 家,家乐福关闭门店 6 家,华联超市关闭门店 100 多家,中百集团关闭门店 38 家。

曾经的明星企业 ofo,如今风雨飘摇。2015 年 6 月启动以来,小黄

第一章 企业为什么这么难?

车已连接了1000万辆共享单车,累计向全球20个国家、超过250座城市、超过2亿用户提供了超过40亿次的出行服务,但是,仍然没有躲过2018年的悲惨命运。2018年9月,因拖欠货款,ofo小黄车被凤凰自行车起诉。2018年10月~11月,ofo被北京市第一中级人民法院、北京市海淀区人民法院等多个法院在多个案件中列入被执行人名单,涉及执行标的5360万元。2018年10月27日,有媒体披露称,ofo小黄车退押金周期再度延长,已由原来1~10个工作日延长至1~15个工作日,客服沟通亦不畅通,还有网友表示实际还款期可能超过1个月,ofo用户退押金难的问题引发公众不满。2018年12月,合作伙伴顺丰(深圳市顺丰综合物流服务有限公司)日前已经向广东省深圳市宝安区人民法院提交财产保全的申请,申请冻结ofo运营主体东峡大通(北京)管理咨询有限公司的银行账户存款约1375万元,而被执行人正是ofo的掌门人戴威。2018年12月,针对嘉里大通物流有限公司上海分公司起诉ofo运营主体东峡大通(北京)管理咨询有限公司拖欠服务费一案,北京市海淀区人民法院做出判决,判令东峡大通支付服务费8111896.38元。

2018年1月,从年入3.5亿元到负债6亿元的知名运动品牌德尔惠宣布停业,多处资产被挂牌抵押拍卖;1月30日,金盾控股董事长周建灿坠楼身亡,留下了一家濒临破产的上市公司,以及98.99亿元的债务。

2018年5月,浙江绍兴的中国500强企业盾安集团爆发出450亿元的债务危机濒临破产。

2018年7月,深圳坪山100亿级企业沃特玛电池公司被爆整体债务221.4亿元,逾期债务19.98亿元,公司濒临破产;7月20日,大豆之王、中国民营企业500强的山东晨曦被裁定破产。

2018年7月31日，北京邻家便利店168家门店全部关停；极路由创始人王楚云发表公开信，宣布公司面临危机，随时可能倒闭；北京尚品国际旅行社宣布倒闭，拖欠员工薪水数百万元；深圳容一电动宣布倒闭清算，总欠款8225万元。

2018年8月，苦心经营20年、资产曾达30亿的中国家具行业领头羊诚丰家具宣布破产；经营17年，门店600余家的好来屋橱柜被曝已进入破产清算阶段，欠薪近500万元；红极一时的浙江温州江南皮革厂破产清算再分配方案通过。

2018年9月，曾被誉为"中国酱油第一股"的上市公司加加酱油卷入债务危机中。

2018年10月，辉煌一时的金立手机被曝负债百亿、裁员万人、董事长失联，一代手机巨头消失。

除了这些大型民营企业外，还有一些国资背景的企业也濒临破产或已经破产：世界500强企业渤海钢铁正式破产，负债1920亿元；世界500强化肥企业子公司兖矿鲁南化肥厂因为累积37亿元债务宣告破产；因为长期亏损资不抵债，六国化工子公司江西六国申请破产重组；国内最大轮胎企业山东永泰因资金链断裂，正式宣告破产清算；湖北宜化子公司内蒙古鄂尔多斯联合化工有限公司因冬季天然气供应受限被迫停产。

1.2 困境的根源是什么？

为什么这么多企业都倒下了？企业遇到困境的根源是什么？

我们必须找到根源，才能够对症下药。

也许你会认为，是因为竞争太激烈了，人工成本太高了，推广太难了，利润太低了。

那么，在同样的外部环境下，在这么多企业面临困难的情况下，是否有企业继续突飞猛进呢？

据报道，阿里巴巴 2018 财年收入 2502.66 亿元，同比增长 58%，创下 IPO 以来最高增速。

此外，华为在 2018 年营收再创新高，超过了 1000 亿美元，同比增长 17%。华为也正式加入了千亿美元俱乐部。

那么，根源到底在哪里呢？

答案是：在于时代的变化。

我们现在处于一个伟大的时代，处于一个从工业化向移动互联网进化的时代。在时代变迁的过程中，人们的生活习惯、上网习惯、购买路径都发生了巨大的变化。

> 能觉察到人们的变化并主动改变自己来适应和满足这些变化的企业，就能生存得很好并持续发展；无视变化、拒绝改变、跟不上变化的企业，必然会陷入巨大的困境。

1.2.1 工业化时代的购买路径

工业化时代，企业销售的典型特征可以归结为"三大"：大批量生产、大手笔广告、大规模销售。

企业发现一个空白的市场机会，投入人力、物力、财力生产出产品，为了把产品卖出去，请明星代言，在各种媒体上打广告，一夜之间，企业品牌就可能成为全国知名品牌，吸引大量的人来加盟或代理，然后将产品卖给用户。

对于用户来讲,由于物质还不够丰富,产品选择不多,大家看到某个品牌在媒体打广告,就会认为这个企业有实力,产品有保障,就会成为购买的优先选择。

当用户需要买某类产品的时候,就会首先圈定在电视等媒体看到的品牌,然后到就近的销售终端购买。

为了把斥巨资请明星的广告效应真正落地,企业会建立完整的销售网络,通过全国、省级、市级、县级等层层代理,把自己的销售终端铺到各地,方便用户购买。

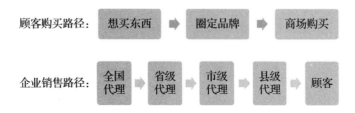

可以说,在工业化时代,广告对于产品销售和企业发展起到了至关重要的作用。

1.2.2 移动互联网时代的购买路径

进入移动互联网时代,人们的生活习惯、上网习惯、购买路径都发生了巨大的变化。有以下 4 个典型特征:碎片化,体验经济,情感营销,个性化需求。

1. 碎片化

碎片化本意为完整的东西破成诸多零块。碎片化的产生是有其深刻的社会根源的,是社会阶层的"碎片化"催化了传媒产业"碎片化"。社会转型过程中,碎片化是不可避免的,经济发展是社会阶层"碎片化"的物质基础,人们生活方式、态度意识的多样化趋向是社会阶层"碎片化"的直接原因。

碎片化带来的最直接的效应体现在以下两个方面:

(1)品牌效应逐渐减弱。面对"碎片化"的消费者,品牌接近于"神化"的作用正在逐渐减弱。越来越多的消费者购买产品时开始注重产品功效,而不是一味地追求心中的"理想品牌","实际购买品牌"和"理想品牌"的差距越来越大。消费者越来越"实际",品牌对于消费者而言更多的是一个名称,所谓的"概念""价值"对消费者的影响力越来越弱。

(2)"大众媒体"地位迅速衰落,"小众媒体"和"个性化媒体"地位极大提升。消费者"碎片化"为广告主找寻目标消费者带来巨大困难。传统意义上"大众媒体"的覆盖率优势对消费者的作用越来越弱,所谓的"小众媒体"和"个性化媒体"则能够快速准确地针对目标消费者进行宣传。因此,"大众媒体"地位衰落、"小众媒体"和"个性化媒体"地位提升成为必然。最直观的就是,现在坐在电视前的人越来越少了,电视机对很多家庭已经成为客厅的一个装饰品,每个人都在低头看手机、刷朋友圈、刷头条、看抖音。

2. 体验经济

所谓体验,就是企业以服务为舞台、以商品为道具,环绕着消费者,创造出值得消费者回忆的活动。其中的商品是有形的,服务是无形的，而创造出的体验是令人难忘的。与过去不同的是，商品、服务对消费者来说是外在的，但是体验是内在的，存在于个人心中，是个人在形体、情绪、知识上参与的所得。体验经济的灵魂或主观思想核心是主题体验设计，而成功的主题体验设计必然能够有效地促进体验经济的发展。

体验经济时代，顾客每一次购买的产品或服务在本质上不再仅仅是实实在在的商品或服务，而是一种感觉，一种情绪上、体力上、智力上甚至精神上的体验。顾客购买的，表面上是产品或服务，本质上是一种感觉，好的或不好的感觉的产生，更多的来自于体验。所以，在移动互联网时代，随着消费者主权意识的觉醒，体验经济显得尤为重要。

3. 情感营销

情感营销是从消费者的情感需要出发，唤起和激起消费者的情感需求，诱导消费者心灵上的共鸣，寓情感于营销之中，让有情的营销赢得无情的竞争。在情感消费时代，消费者购买商品所看重的已不是商品数量的多少、质量好坏以及价钱的高低，而是为了一种感情上的满足，一种心理上的认同。

情感营销能营造更好的营销环境，能提高消费者的品牌忠诚度，是战胜竞争对手的强有力武器。情感产品之所以受到人们的青睐，根本原因是企业站在用户的立场上，以消费者接受不接受、喜欢不喜欢、满意不满意作为产品设计和开发的准则，其中融入了企业对消费者的一片深情和爱心，充分体现了以消费者为核心的现代市场营销观念，进而赢得了消费者的信赖和忠诚。

情感产品贵在情感，而情感度又多是通过产品的可靠性、安全性、便利性和舒适性来体现的。由于性质与用途上的差异，决定了产品间四性的具体内容和表现形式是不同的,企业须根据具体情况,有针对性地采取相应的方法,才能设计开发出为顾客所接受的产品来。开发情感产品要切忌主观想象,滥施情感,否则便会画蛇添足,引起人们的反感。为此,需要对目标市场的需求有全面、深刻、真切的了解,使赋予的情感入情入理,切实打动消费者的心。

由一般产品开发到情感产品开发,是市场供求关系变化和竞争的必然结果,也是企业市场营销质的飞跃。虽然给企业提出了更高的要求,使企业面临更严峻的挑战,但却为赢得顾客、赢得市场提供了有效手段。

4. 个性化需求

和碎片化息息相关,消费者、品牌、媒介的"碎片化"归根结底是由消费者个性化意识在消费中的作用提升引起的。"消费从众"时代已经过去。在品牌号召力越来越低、大众媒体的覆盖范围越来越小的情况下,所谓的"权威意见""专家意见"已不再是消费者的行动指南,"我"的意见才是消费行为的根源。个性化意识在消费中的作用不断提升,以前是趋同,现在是求异。

在上述 4 个特征的支配下,人们的购买路径、购买习惯和工业化时代已经完全不同了。

如下图所示,当前一个用户的典型购买路径是这样的:

在这个购买路径中,出现了电视广告吗?没有。出现了明星代言吗?没有。出现了各级代理吗?没有。工业化时代的打法,在移动互联网时代已经失效了。你在媒体上请明星做广告,对不起,我根本不看电视；你说你是大品牌，对不起，和我没关系；你在全国有几千家代理，对不起，我直接网上下单。

1.2.3 困境的根源

工业化时代，成交很简单，有需求就能促进成交。

移动互联网时代，需求只是成交的基础，信任和情感才是决定因素。

工业化时代，是功能商业的时代，拼的是产品的功能、性能和价格。你的产品功能强、性能稳定、价格低，就能够占据竞争优势，赢得顾客。但是移动互联网时代，是精神商业的时代，人们购买某个产品，不仅是为了满足功能和性能的需求，更主要的是要满足精神需求和心理需求，人们追求的不仅是吃饱穿暖，更是吃好穿好。

工业化时代，是产品为王的时代，只要你的产品具有压倒性优势，就能够做成爆品，一统天下。但移动互联网时代，是以人为本的时代，产品仍然很重要，但已经从工业化时代的唯一，变成了移动互联网时代的第一，相应地，企业必须适应这种变化，从经营产品进化为经营用户。

时代变了，用户的购买路径和购买习惯变了，企业能否察觉、适应和满足这种变化，成了问题的关键。如果企业的获客模式、营销模式、生产模式、管理模式、服务模式还是按照工业化那一套来做，结局肯定是越来越难，直到陷入困境、不可自拔。这就是企业困境的根源所在。反之，如果企业洞察敏锐，主动求变，充分满足用户的新需求，就能逆势生长，激流勇进，甚至成就新的商业帝国。

> 现在这个时代，商业已从功能商业进化为精神商业，企业必须从产品为王进化为以人为本，必须从经营产品进化为经营用户。

1.3 这些方法有效吗？

面对困境和问题，企业也在做各种尝试，希望找到好的办法，帮自己脱离苦海。从电视广告到百度竞价，从地推到新媒体，从微商到新零售，从C2C、B2C到F2C，企业就像是不会游泳的孩子掉到了水里，看到一个新模式、新概念，就不顾一切地去跟风，希望抓住救命稻草，但很遗憾，通常都是以失败告终。

必须清楚，问题的根源不在于简单的营销和推广，而在于人。人们的生活习惯、上网习惯、购买路径发生了本质的变化，企业要想扭转局面，顺利转型升级，必须从人入手，从用户做起，做方向上的改变，而不仅是方式上的优化，做战略的调整，而不仅是战术的升级。

> 如果不是基于用户，所有的方案都是错误的。
>
> 如果不能满足用户需求，所有的模式都是无效的。

那么，解决问题的答案是什么呢？两个字：社群。

社群是人的载体，是经营用户的阵地，是建立信任和情感的最佳场所。

社群思维是从功能商业升级为精神商业的指导思想。

社群商业模式是以人为本的高维商业模式。

那么，社群的本质到底是什么？社群商业模式是什么？企业社群化的路径又是什么呢？

第二章

社群商业模式
到底是什么？

2.1 社群的概念

很多人都在说社群、做社群,但是,很少有人真正清楚社群的底层逻辑,大部分人都在认知层面不停地徘徊,或者在浅层技术层面拼命地纠缠。

社群的本质是什么?

社群商业模式到底是什么?

社群化路径是什么?

打造社群的第一步是什么?

社群的最理想状态是什么?

这些逻辑关系和进化路径没搞清楚,谈社群就是水中望月,做社群就是盲人摸象。

在本书中,你可以找到答案。

2.1.1 社群的定义

社群(community)一词源于拉丁语,意思是共享居住空间、兴趣或其他共同点的人群,或是指亲密的伙伴关系。它是 19 世纪末 20 世纪初社会学中描述人与人之间关系的一个非常重要的概念。社群在社会学中的定义是领域内发生作用的一切社会关系：行为规范、持续的互动关系。

通用的社群定义是：**社群是基于价值观统一的人聚集形成的群体或组织，由共同追求、共同理想、共同目标、共同兴趣的人聚集而成的群体**。它是基于互联网的新型人际关系的供需重构，是对传统社会结构、传统组织结构、传统企业经营模式的重构与融合。

社群由来已久，自人们开始群居生活起，社群就存在。但到了网络空前发达形成对人们生活深度渗透的今天，它的经济、社会和文化价值才进一步爆发出来，也因此成为当下重要的网络热词。凯文·凯利的《技术元素》中有一篇《一千个铁杆粉丝》说："任何创作艺术作品的人，只需拥有1 000个铁杆粉丝便能糊口。"而这句话放在目前同质化竞争日益激烈的现在显得尤其适用，"社群经济"已经成为互联网思维的核心。

传统意义上的社群是社会学家与地理学家所指的社群，广义上社群指的是在某些边界线、地区或领域内发生作用的一切社会关系。而在网络时代，社群这个词越来越多被用来指通过众多在线社交工具而相互连接所形成的人和关系的集合体。

唯有深入了解社群的分类、构成要素、社群成员在社群中的角色、社群的结构等关键问题，才能把握运用好规律，更好地构建运营社群并获得经济上的回报。

一般而言，社群都涉及4个关键要素，包括：

（1）明确的群成员关系。

（2）持续的网络互动。

（3）一致的群体意识和规范。

（4）一致的目标和行动的能力。

以上社群的定义，是一个书面的规范定义，从实操角度，我们认为可以更加简化些。结合行业的经验总结，我们非常认可下面两个看似简单粗暴的定义。

> 定义1：一群人，一条心，共同做一件事，简称"三个一"。
>
> 定义2：一群人组成的精神联合体和利益共同体，简称"两个体"。

先来看第一个定义，现在建群很容易，有线上的微信群或是线下的商会协会。常见的场景是，大家参加一个线下活动，有人提出面对面建群，输入"××××"，现场的人都进入了同一个微信群，然后呢？往往就没有然后了。这就是为什么很多群迅速变成僵尸群、广告群、死群的原因。因为只有"三个一"中的第一个"一"：一群人，但没有形成一条心，更没有确定要做的同一件事。仔细梳理下，你可能会发现，你的那些社群，无论是线上还是线下，90%以上都是类似的情况。

再来看第二个定义。这个定义来自于付岩的书《社群思维》，它的重要性在于，使人们从单纯的利益链接中脱离了出来，升华到了精神链接。微商群体靠分销机制、层级差价的模式，层层赚钱，是典型的利益共同体，在红利期可以迅速赚到钱，形成利益共同体，但是精神链接比较弱，就好像是盖了一幢高楼，但地基是沙滩，非常不稳固。一旦出现问题，很容易土崩瓦解，这也是为什么我们看到很多的微商项目起来得快、倒下去更快的原因。

要想解决这个问题，必须打好基础，这个基础就是精神联合体。

社群是个"玩"精神的载体，它直接关系到人的精神层面，社群以精神内核为基础，为每个成员都贴了一张精神标签，社群是精神联合体，它让人与人的精神世界联结起来，从而形成了一个非常牢固的底层链接。

如果你满足了一个人的精神需求，再去满足他的心理需求和生理需求，这属于降维攻击，会比较容易；反之，如果先满足心理需求和生理需求，再向高维的精神需求推进，这属于升维攻击，会难上加难。所以，构建社群，应以满足用户的精神需求为前提，从无到有、从小到大，直到满足用户的心理需求和生理需求，构建精神联合体和利益共同体。

2.1.2 社群到底有多重要

社群对当代人的工作学习生活来说到底有多重要？对社群价值有清晰的厘定之后，我们可以有的放矢，更好地利用社群，并根据社群内在价值设计相应的商业变现模式。

一般而言，社群可以带来以下5个方面的价值。

（1）人脉价值。在社群中人们交流的节点会不断得以延伸，从而人们的人脉圈也会不断扩大。

（2）沟通价值。社群能够提供多对多的交流体验，社群活动实则就是线上的集体活动，这和线下活动的特性类似。

（3）培训价值。微信群是最好的线上会议厅和教室，比如，可以在微信群里进行培训，由于群成员的黏性很高，所以培训效果也会比较好。而且这种培训较为便利，所以社群成员随时随地都能获取培训价值。

（4）信息价值。社群成员基本可以不通过其他渠道，在社群内部就可以看到各种信息、最新资讯。

（5）成交价值。社群内部也可以展开售卖活动，社群成员之间相互信任，成交更容易。

对于上述社群价值的开发，就衍生出了"社群经济"的概念。关于什么是社群经济并没有权威的定义，大体可以将其描述为：一方面，社群经济是互联网时代的产物，由于技术的发展，人与人之间的连接更加自由，一群具有共同价值理念、兴趣爱好的人更容易聚合在一起；另一方面，互联网改变了产品与消费者之间的关系，消费者越发开始关注产品的附加值，如文化、魅力、口碑等抽象、精神层次的东西，从而产生情感连接与信任；最后，这群志同道合的人一起互动、相互感染，巩固产品品牌。所以"社群经济是指建立在产品与其粉丝群体之间的'情感信任+价值反哺'基础之上，并共同作用形成的一种能够自运转、自循环的范围经济系统"。

人类社会的发展有两条线索，一是劳动工具的产生，一是跨界协作。一方面，劳动工具的产生与发展实质上就是对人体的不断延伸与替代，麦克卢汉曾经就表示，科学技术的发展过程就是一个各类工具不断替代和延伸人类的过程，比如火车、飞机是人们腿脚的延伸，电话是人们耳朵的延伸，电视是人们眼睛的延伸等，这就是科学发展的规律；另一方面，群体要生存和发展，就必定会协作，尤其随着技术的发展，跨界协作变得越发便利与重要，而跨界协作会带来资源的共享与创造。互联网技术的发展使人体得以进一步延伸，也大大改变了人们的协作方式，其使得人们打破地域空间的限制得以自由连接，而这无疑为社群的创建提供了条件，同时，社交工具的使用及通信技术的辅助作用，使社群关系的维护也变得更加便利。概括起来，社群经济的崛起条件即互联网技术的发展与随之而来的网络社群维护的便利性。

第二章 社群商业模式到底是什么？

社群经济是互联网时代的产物，从历史纵向看，其隶属于一个更大的后福特时代，交流和情感成为这个时代的经济范式的核心；从社会横向看，互联网连接起了一个更大的、席卷全球的"网络社会"，而社群经济是网络社会的小网络社会，是新经济范式的体现，其特点表现在以下3个方面：

（1）以信任为基础。社群成员有着共同的理念或者爱好，社群关系以情感为纽带，并以此维系。信任是社群经济成立的基础要素，一群有着共同理念爱好的人由于相互信任而产生情感的连接，同时能够产生点对点的交叉感染，并且群体内的协调行动会产生能量巨大的叠加效应，这会巩固社群的凝聚力。

（2）具有利益联结性。虽然社群经济中情感的连接是核心，但是一个群体作为一种组织的形态，要维护其正常的运转，每个个体就需要产出价值并且能够获得收益。另外，组织本身也会进行周期的更替、新旧的更迭，从而保证组织体结构的完整性。所以，社群经济归根到底还是以利益联结为基础。

（3）体现为范围经济。社群在本质上是一个小范围的可以自运转的系统，社群经济是经济发展过程中的创新与必然，是互联网时代的一种部落化经济形态，其与以往工业化时代经济的中心化运转不同，社群经济是去中心化的，是一种在一定范围内能够自生长、自消化、自循环和发展的经济生态系统。

对于企业来讲，社群同样重要。我敢断言：

> 不出两年，所有的企业必须有自己的社群，不做社群的企业都是在裸奔。

社群的价值体现在：

1．媒体价值

和传统媒体的中心化传播不同，社群媒体呈分布式传播。它具有几个特点：

（1）传播范围广。基于人人传播的分布式结构，社群媒体的传播范围是传统媒体的几何级数倍。

（2）传播效率高。社群媒体中的内容遵循"发生即传播、传播即转化"的规律。

（3）互动参与性。社群媒体能与用户即时互动。

（4）成本低。内容的众创与传播的众包让成本极低。

通过社群，可以实现多路径的精准传播和生态型的持续转化。

2．渠道价值

社群渠道可以为企业和产品找到无数个利基市场——精准、细分、垂直、小众的市场集群。

同频用户的同频需求需要被产品和品牌满足，这是社群渠道的持续转化机制。

3．工具价值

社群具有清晰的工具属性。

社群是用户数据工具。社群运营是用户社交行为的数据化沉淀，用户行为价值是一切商业价值的基础。

社群是最短客服工具。发生即传播，有输出也有反馈，同时社群可以做到群体间的互助与服务。

社群是运营众包工具。社群最大的特点是行为的同频，行为同频带来的是价值的共振，某一个动作可以通过社群完成社会化协同，任何企业的运营都可以通过社群完成众包。

社群是资源众筹工具。社群的节点是人而不是用户,每一个人都是资源的主体,在商业生态中,社群众筹是一切主体资源的有力补充。

4. 文化价值

社群是天然的传播文化的土壤,通过互动,可以体现更真实的文化,通过文化的体验,建立情感忠诚度,最终形成群成员的精神共识,这就是社群文化。

再小的品牌也要有自己的社群,再小的社群也要有自己的品牌。

2.2 社群商业模式

2.2.1 伟大的定位理论

定位理论,由美国著名营销专家艾·里斯(Al Ries)与杰克·特劳特(Jack Trout)于20世纪70年代提出,被称为"有史以来对美国营销影响最大的观念"。里斯和特劳特认为,定位要从一个产品开始,这个产品可能是一种商品、一项服务、一个机构甚至是一个人,也许就是你自己。但是,定位不是你对产品要做的事,定位是你对预期客户要做的事。换句话说,你要在预期客户的头脑里给产品定位,确保产品在预期客户头脑里占据一个真正有价值的地位。

定位理论的核心:"一个中心,两个基本点":以"打造品牌"为中心,以"竞争导向"和"消费者心智"为基本点。

《定位》这本书名列美国史上百本最佳商业经典第一名,被称为是美国CEO最怕被竞争对手读到的商界奇书。本书是特劳特成名之作,深入阐述了定位理论和操作方法,并配有丰富的实战案例解析,指导企业家获取商业成功。

定位理论认为,品牌就是某个品类的代表或者说是代表某个品类的名字。建立品牌就是要实现品牌对某个品类的主导,成为某个品类的第一。当消费者一想到要消费某个品类时,立即想到这个品牌,就可以说你真正建立了品牌。

定位理论集中关注的是消费者的心智,它总结了消费者的五大心智模式:

(1) 消费者只能接收有限的信息。

(2) 消费者喜欢简单,讨厌复杂。

(3) 消费者缺乏安全感。

(4) 消费者对品牌的印象不会轻易改变。

(5) 消费者的心智容易失去焦点。

在国内,定位理论也取得了巨大的成功,"怕上火,喝王老吉"的案例已经家喻户晓,其他一些品牌同样通过定位理论取得了可喜的成绩。

2011年,老乡鸡启动战略定位,通过聚焦快餐业务,明确定位"安徽快餐领导品牌",集中在安徽快速开店,获得了快速发展,5年销售额增长10倍,利润增长30倍,在安徽的门店数达到所有洋快餐的3倍多。

郎酒集团启动战略定位，确定"三大品牌协同并进"战略，实现高速发展：青花郎以"中国两大酱香白酒之一"的定位，在高端白酒中异军突起；小郎酒以"全国热销的小瓶白酒"为定位，引领小酒热卖，销量创新高；郎牌特曲以"来自四川，浓香正宗"为定位，成功实现竞争突破。

快狗打车：原为58速运，是同城货运O2O平台。通过发动"抢先定位、主导同城"大战略，将58速运改名为极具凸显性的快狗打车，化解58分类信息网的认知障碍，有利占位心智，并通过关联定位，使快狗打车快速进入消费者心智，一个月实现用户数3倍增长，获取行业领先地位。

2.2.2 定位理论的新发展

我们来看下小米。

2018年7月9日小米在香港主板上市,若以开盘价计算,小米集团市值达到473.26亿美元。

小米上市也创造了多项新纪录,小米是香港首家同股不同权的上市公司,也是有史以来全球第三大规模科技互联网公司IPO,仅次于阿里巴巴和Facebook。虽然上市后市值起起伏伏,但不可否认,小米已经取得了骄人的业绩,赢得了市场和投资人的认可。

问你一个问题:小米的第一款产品是什么?如果你的答案和大多数人一样,认为是手机,那就错了。

当初雷军最开始做小米的时候,是从软件开始的。2010年8月16日,小米推出自己的第一款产品MIUI,这是一款手机用操作系统,首批用户是手机发烧友,愿意尝试新鲜事物的一批人,小米从手机论坛找了一批这样的人,请他们使用MIUI系统刷机升级,如有问题则反馈给小米及时改进和优化。通过这种方式,小米迅速聚集了一批手机发烧友的种子用户,然后才慢慢从软件到硬件,推出第一款手机,即2011年的8月发布的小米1,然后不断推出红米、小米MIX、小米NOTE等新品手机。

小米的脚步显然没有止步于手机,2014年开始小米在智能硬件领域进行布局。小米的智能硬件布局主要思路是两个部分:第一部分是做各种家庭中使用的产品,来实现产品的智能化,目的是为了抢占用户数。第二部分是推出小米智能家庭的App,来实现智能产品相互连接和交互。

小米的智能硬件布局策略是循序渐进影响用户,它期望通过不断地推进来实现其未来的目标——使其产品推广至每一个家庭,并通过其 App 实现对智能产品的控制。

在过去的几年里,小米共投资孵化了近百家企业(下表为部分企业,来源于亿欧),涉及各种琳琅满目的产品。而小米公司只做小米手机(平板)、小米电视(盒子)、小米路由器三类产品,其他智能硬件的生产、制造甚至设计都交由投资孵化的企业。

公司	主要产品	成立时间	总部地点
视感科技	智能吉他	2015.04	北京
板牙科技	汽车电子	2016.03	上海
峰米科技	智能投影仪	2016.03	北京
爱其科技	教育机器人	2013.04	北京
趣睡科技	智能床垫	2014.01	成都
云造科技	折叠代步车	2013.07	杭州
青米科技	智能家居	2014.02	北京
疯景科技	全景相机	2015.04	北京
摩象科技	VR/AR	2016.05	上海
机器鸟科技	儿童陪伴机器人	2016.01	南京
米物科技	智能家居	2015.12	北京
小蚁科技	可穿戴视频类产品	2014.09	上海
慕声电子科技	高品质耳机	2014.04	西安
纳恩博	平衡车	2013.09	北京
紫米电子	手机外涉配件	2012.02	南京
云柚科技	无线联网门锁	2014.09	杭州
绿米联创	智能家居	2019.12	深圳
蓝米科技	耳机	2009.07	东莞

通过这种模式，小米能以较低的成本迅速扩展自家的智能生态链，这种模式也能让消费者以较低的成本使用相对优质的智能生态硬件，可以说小米的这种模式是一种双赢的商业模式。到 2017 年，小米生态链已成为全球最大的智能硬件平台，基于小米 MIOT 平台的联网设备总量突破 6000 万台。

但是，故事还没有结束，智能硬件并不是小米的终点。2016 年，米家 App 发布，2017 年 4 月更名为"有品"，小米有品是小米公司旗下以品质生活为中心的精品电商平台，涵盖家居、日用、家电、智能、影音、服饰、出行、文创、餐厨等产品品类。随着"有品"的启动，小米生态链搭建完成，智能硬件、移动互联网、电商平台三足鼎立局面形成。

我们来看看小米有品上面的产品类型，有儿童学习桌椅、ACTON 舞板、多功能烤面包机、儿童内保温餐具、女靴、钢笔、白酒、牛排套餐、牛仔裤、足金手链等，是不是有点目瞪口呆了，这还是我们印象中的小米吗？

从产品进化的角度，小米走了一条与众不同的道路，从系统软件到手机，从手机到智能硬件，从智能硬件到家居日用品。问题来了，

第二章 社群商业模式到底是什么？

这个模式和我们之前谈到的特劳特的定位理论好像搭不上了，甚至完全背道而驰了。

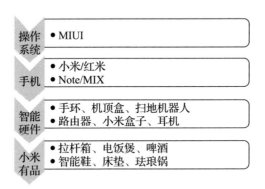

按照定位理论，小米应该在用户心智中卡位，把某个品类和小米链接起来，就像"怕上火、喝王老吉""今年过节不收礼，收礼只收脑白金""中国两大酱香白酒之一""安徽快餐领导品牌"，但是，小米的定位是什么呢？看起来小米什么都想做。而且小米做的这些事情还都很成功，市场还都很买账。

为什么会这样呢？是定位理论失效了吗？

回到第1章，在分析企业困境的根源时，我们提到：

企业困境的根源在于时代的变化。

现在这个时代，商业必须从功能商业进化为精神商业，企业必须从产品为王进化为以人为本，必须从经营产品进化为经营用户。

分析下定位理论，你会发现这个理论是基于功能商业的，是基于产品的，是基于品类和品牌的。20世纪70年代提出的理论，是基于当时的时代背景，小米的模式，其实仍然遵循着定位理论，只是它的定位不是基于功能商业，不是基于产品、品类，而是基于人，基于用户。

小米最开始成立时，就提出了自己的口号：为发烧而生。手机论坛的发烧友构成了小米的第一批种子用户。小米用了5年来诠释演绎它，包括产品层面和营销宣传层面，小米的产品都是尽量做到顶级配置，尤其是在米粉的运营上，"因为米粉，所以小米"已经成为小米的企业文化。据统计，目前米粉人数超过了 7000 万，每年都有各种各样的线下活动链接各地的米粉，包括爆米花活动、米粉节、小米家宴等，构成了非常活跃的社群。

小米非常重视米粉的反馈，小米社区官方论坛是米粉的大本营，在这里米粉交流手机使用技巧心得，了解小米最新动态，参与活动，进行互动，为米粉打造了一个良好的互动交流平台。小米内部员工在论坛上收集米粉的各种反馈，用于产品的改进和完善，比如 MIUI 系统，每周都定时进行更新，及时解决米粉提出的问题。小米新品的推出，也会充分考虑米粉们的需求。

所以说，小米仍然遵循着定位理论的指导，不过它的定位基础不再是产品，而是人，是米粉，米粉有什么需求，小米就想方设法来满足，最终形成了"硬件生态＋新零售＋互联网"的生态布局，打造了自己的商业帝国。

> 小米的打法仍然遵循了定位理论，是移动互联网时代的新的定位理论，是基于用户而不是基于产品的定位理论，是传统定位理论的升级。

小米的模式，是基于用户的定位，而不是基于产品的定位。

2.2.3 三段论、六个字

很多企业都在竭尽全力地拉新客户，却忽视了对老客户的维护。

流量为王的时代已经过去，8.29 亿（截至 2018 年）网民数量已经基本达到了天花板，很难再翻一番。基本的流量总数不变，那么各个公司之间的竞争必然就会加剧；大公司资本雄厚，产业链布局早，品牌宣传深入人心；小公司没资本，起步晚，获客成本越来越高。以百度竞价为例，开始时大部分关键词点击一次几角钱，后来涨到几元钱，现在某些行业的关键词动辄十几块钱，按照 1% 的转化率，意味着获客成本要几百元甚至上千元。以淘宝直通车为例，开始时很多关键词点击一次五分钱，后来涨到几角钱甚至几元钱，按照点击一次一元钱、转化率 1% 计算，获客成本 100 元，意味着利润超过 100 元才可以赚到钱，流量成本的不断攀高是 90% 淘宝店无法赚钱的致命原因。

据统计，P2P 的获客成本已涨到 2000 多元，现金贷的获客成本涨到了 200 多元，车贷、消费分期的获客成本也一路飞涨，到了 300～700 元。这么高的获客成本，大部分企业根本无法承受。

我们今天已然从以商品为中心转变为以用户为中心，用户成为企业最重要的资产和变现的基础。从经营实物到经营用户，实物是手段，用户才是资产。所以企业必须从思维和认知上进行改变，从流量思维转化为用户思维，从拉新客户转化为经营好老客户。

"存量整合+用户经营"，是企业转型升级最快速且有效的高维经营模式，小米的案例已经充分验证了这一点。基于这个认知，我们提出了一个和传统商业模式完全不同的模式：社群商业模式，如下图所示。

> 社群商业模式简单讲就是"三段论、六个字":产品、社群、平台。
> 以产品为入口,以社群为基地,以用户需求为驱动,通过跨界融合满足用户多元化需求,实现平台化发展。

社群商业模式第一段:产品。

这一点和工业化时代的传统商业模式是一样的,所不同的是,在传统模式中,产品是企业的全部和唯一,企业所有的人力、物力、财力都是为了经营产品和销售产品,从而获得收入和利润。在社群商业模式中,产品从唯一变成了第一。产品不再是企业的全部,而是企业和用户链接的工具,是一个入口和门槛。但是,你千万不要以为产品的重要性下降了,不需要对产品的品质严格要求了,那就大错特错了。产品是前面的"1",产品品质不过硬,前面的"1"立不起来,后面加再多的"0"也没用。

总结一下,在产品方面,社群商业模式和传统模式比较,有"一同"与"两不同":

"一同":产品的品质都很重要。

"两不同":(1)传统商业模式中,产品是企业的全部和唯一;社群商业模式中,产品是链接用户的工具,从唯一变为了第一。(2)传统商业模式中,把产品卖给用户后,企业往往不愿意再联系用户,因为那可能意味着售后、服务和成本,所以产品销售往往就是和用户链接的结束。社群商业模式中，把产品卖给用户，只是第一步，是和用户链接的开始，企业要主动联系用户，建立更深层次的关系，这就进入了社群商业模式的第二段。

社群商业模式第二段：社群。

在社群商业模式中，把产品卖给用户后，只是关系的开始而不是结束。企业要做的是用社群把用户聚合起来，打造自己的用户社群。聚合后，还要做社群运营，通过知识的分享、线上线下的活动、好玩有趣的互动等，增加用户之间的熟悉度，增加用户对于企业的信任度和黏性，就像小米和米粉的互动一样。企业最大的痛点是不知道用户的痛点，抓不到用户的需求，生产出来的产品无法让用户眼前一亮，无法卖出去。而用户社群偏偏就是抓住用户痛点的最佳阵地，用户对社群有归属感、依赖感，甚至把社群当作自己的精神家园，主动在社群内发声，反馈自己的需求和痛点，表达自己的情感和不满，这些主动发出的声音就是企业最需要的反馈。

企业接下来要做的就是，收集和整理用户的需求和痛点，针对性地提供解决方案，然后就可以等着用户尖叫了，因为你所提供的就是他们想要的。如果采取众筹的方法，就可以提前收到资金；如果采取众包的方法，就可以让社群里的用户都帮你宣传，等你的这款新品出来后，立刻就是爆品，只需要按照订单发货就行了，根本不会有库存的风险，也不用担心销售的问题，会不会很爽？

这款爆品会为你的企业带来一批新的用户，同样，用社群聚合起来，通过社群运营建立信任度和黏性，再根据他们反馈出来的需求和痛点打造新的产品和服务，每款都是爆品，你的用户社群规模也越来越大，企业会进入一个高速发展阶段，即社群商业模式的第三段。

社群商业模式第三段：平台。

随着用户社群规模的扩大，你会发现，用户反馈出来的需求和痛点越来越多，本来你是化妆品企业，你的用户都是购买化妆品的人，结果你可能会发现，他们在社群内反馈出来的很多需求，都是和育儿有关的，和汽车有关的，和健康有关的，以及和旅游有关的。

这时候，你要怎么做呢？比如你发现用户最突出的一个需求是为3岁宝宝寻找一款特制的婴儿床。作为化妆品厂家，这个事情是超出你的能力范围的，你不懂婴儿床的设计，没有婴儿床的生产线，招募专家、组建团队、上婴儿床生产线，这样可行吗？肯定不行，怎么办呢？没关系，你的企业没有这些条件，是否可以找到具有这些条件的企业合作呢？能做婴儿床的企业很多，你手里有用户，有资金，只要找到适合的合作企业，由他们来按需生产就行了。同样，你可以找汽车厂家合作满足用户社群对汽车的需求；找到健康产品厂家合作满足用户社群对健康的需求。这样，你的企业就通过跨界合作实现了平台化发展。

社群商业模式和传统商业模式比较起来，主要有以下不同。

> 1. 传统商业模式的核心是产品，社群商业模式的核心是社群，是用户。
> 2. 传统商业模式是一维的，只有产品，社群商业模式是三维的，除了产品，还有社群，还有平台。相当于在1后面加了多个0，商业价值得到了无限放大。

总结一下，社群商业模式就是"三段论、六个字"：第一段产品，第二段社群，第三段平台。那么，这个模式如何落地呢？企业到底该如何践行社群商业模式呢？请看下一章。

第三章
社群新零售横空出世

3.1 社群新零售模式解析

社群新零售是社群商业模式落地的法宝。这个模式的由来是什么？核心内容和优势是什么？

3.1.1 模式的由来

2016 年，我出版了一本书叫《社群众筹》，第一次把社群和众筹结合了起来，总结了社群众筹的模式、流程、方法和法律协议，形成了一套系统。通过社群众筹的模式和方法，陆续落地了一些项目，包括有机农场、围棋道场、咖啡馆、重庆小面、餐饮连锁等。在这些项目落地过程中，我充分体会到了社群对于众筹实施的巨大威力，只要有良好的社群基础，加上优质的项目条件，众筹很容易完成。相反，如果没有社群基础，完全靠陌生人众筹，是很难的事情。

但是，两三年后，我发现一个问题，之前众筹成功的那些项目，其中一大部分的状况并不好，有的能够盈利，有的仅仅持平，还有一些处于亏损甚至已经倒闭的状态。究其原因，我认为主要有两个：其一，企业要想做成功，需要把方方面面的事情做好，这是一个很长的链条，包括资金、设计、生产、营销、售后等环节，任何一个环节出现问题，都可能会导致失败。而众筹仅仅是完成了早期的资金聚集，仅仅是链条上的一个环节，无法解决所有问题。其二，虽然是基于社群的众筹，但更多是在前期筹集资金时利用了社群的信任关系，在项目开始运作后，绝大多数企业并没有好好运营社群，没有继续发挥社群的力量。

社群的威力和潜力巨大，但目前社群真正能给企业提供的帮助还很有限。社群到底如何才能发挥更大的威力呢？2017年，新零售逐渐浮出水面，特别是2018年拼多多的上市，云集、每日一淘等新零售平台的迅速崛起以及社区拼团的火爆，让越来越多的人意识到了社群的重要性。但是这些模式也存在着一个严重的问题：只注重销售而忽视运营，只利用了社群的红利而没有为社群持续赋能。就好像是一个存款账户，只是不停地从中取钱但并没有存钱，等钱被取完后，游戏也只好结束了。

3.1.2 模式的设计原则

如何避免以前那种一拥而上然后昙花一现的情况呢？2017年下半年，我提出了把社群和新零售结合起来的一种模式，称之为：社群新零售，并在我们服务和合作的企业中开始实施。让我们惊喜的是，在一些企业包括两家上市公司取得了很好的效果，业绩实现了飞跃增长，新增业绩几千万元到几亿元。当然，也有一些企业并没有取得很好的效果。

基于这些经验教训，我和小伙伴们不断地总结和提炼，希望设计出一套新的模式，结合我们落地企业项目的实践，融合社群和新零售，规范化、系统化地帮助企业开拓市场、获得用户、增加收入，顺利实现转型和升级。

经过将近一年的实践、碰撞和优化，终于基于企业实践设计出了这个模式，就是社群新零售，如下所述。

> 社群新零售，就是基于社群关系，以用户为中心，以用户需求为驱动，通过供应链重构和线上线下融合，实现按需定制的新型零售模式。

社群新零售模式在设计时遵循了两个原则：三个层次＋三个并行。

1. 三个层次

社群新零售模式分为三个层次：产品销售、社群运营、平台化运作，这三个层次是并行的，而不是串行的。还记得我们前面所说的社群商业模式吧，"三段论、六个字"，完全匹配。

2. 三个并行

社群新零售模式分为三个并行：产品和社群并行、销售和教育并行、线上和线下并行。

随着时代的变化，商业从功能商业进化为精神商业，企业从以产品为中心进化为以用户为中心，和用户的关系必须从利益共同体进化为精神联合体，和用户的互动必须线上和线下兼顾。

3.1.3 三个层次、三个体

社群新零售模式分为三个层次,打造三个体,如下图所示。

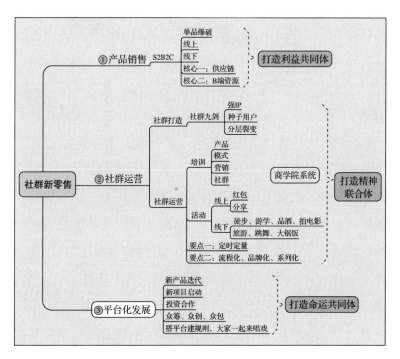

第一层:产品销售。

对于企业来讲,库存压力大、现金流紧张是长期悬在头上的两把刀,如果不能解决,企业是没有心思做其他事情的,所以社群新零售模式的第一层就是产品销售,先帮企业解决最头疼的问题。

企业销售产品可以有很多种方式,电视广告、报纸广告、百度竞价、电商平台、微商等,但是正如前面所讲,开发新客户的成本太高了,几百元甚至上千元,中小企业根本无法承受。目前最适合的方式是杠杆借力。

一定要清楚两个原理:

（1）你想要的客户，一定已经是其他人的客户了，获得客户最快的方式，不是从 0 开始，而是找到手里拥有你的客户资源的人，和他们合作。

（2）用户相信的不是广告，而是朋友和专家的介绍。

基于这两个原理，目前最适合企业做产品销售的模式是 S2B2C，这也是社群新零售中所采用的产品销售模式。S2B2C 是阿里巴巴集团参谋长曾鸣提出的新概念，一种对新零售、新商业未来创新的思考。根据百度百科给出的解释：S2B2C 是一种集合供货商赋能于渠道商并共同服务于顾客的全新电子商务营销模式。

一方面，将优秀的供货商筛选出来供渠道商集中采购；另一方面，向渠道商提供 SaaS 工具、技术支持、培训，使其能更好地为顾客服务。关于 S2B2C 更详细的介绍，留到第 4 章讲解。简单来讲，就是借力渠道、节点和老客户介绍，完成企业产品的销售。企业负责提供符合用户需求的优质产品，渠道和节点负责找到用户并完成销售以及对用户的服务，用户以合适的价格得到自己想要的产品，各取所需。

通过这种方式，规避了企业把所有问题都自己扛的老毛病，让企业专注做自己擅长的产品打造和供应链，把不擅长的市场销售交由更合适的人来完成，借力社会化力量，开拓和占领市场。企业和渠道都能赚到钱，用户也能获得实惠，从而打造了一个利益共同体。

第二层：社群运营。

通过第一层 S2B2C 模式的产品销售，让渠道商快速赚到钱、结成利益共同体，这是第一步，但还远远不够。单纯的利益共同体，就像盖在沙滩上的高楼，根基不稳，不可持续和长久。2018 年我们服务的一个企业就是活生生的案例。这家企业（以下简称 A 企业）做的是一款健康产品，效果显著，迅速获得了市场的认可，拥有了一批忠实用户。后来企业又设计了一套分销机制，让分享的人可以获得收益，引发了用户传播和裂变，半年时间销售额突破了 6 亿元。有两个代理起到了至关重要的作用，其中一个代理的团队销量占了 A 企业总销量的 50% 左右，另一个代理的团队销量占 25% 左右，这两个代理的业绩奖励也都达到了上百万元。

A 企业的业绩迅速受到了市场的关注。广东的另一家企业开始快速跟进，做了基本一样的产品，设计了差不多的分销模式，并直接来找 A 企业的代理挖墙脚，承诺给更好的福利与更高的利益回报。不少代理纷纷被挖走了，包括上面提到的两个至关重要的代理中的一位，这一下子对 A 企业造成了巨大的打击，人心惶惶，团队不稳，业绩迅速下滑。

幸好 A 企业有所准备，迅速和我们合作，启动了社群构建和运营，打造了商学院系统，为代理、老用户提供了专业的知识和推广技能的培训，并组织了线下的各种活动，建立了更多的信任和黏性，增强了大家对企业的信心，逐渐稳定了军心并扭转了局势。这个案例充分体现了社群运营的重要性。

所以，在产品销售的同时，必须启动针对渠道商的社群运营，实现两个目的。1）渠道商之间、渠道商和 S 端企业之间紧密链接、建立信任。2）S 端企业为渠道商赋能，协助渠道商更好地服务终端用户。

社群运营分为两个环节，打造和运营。打造是从 0 到 1，运营是从 1 到 10。社群打造是基础，基础不好，地动山摇。目前的社群，90% 以上都在经历着从最开始的一阵热闹到变成僵尸群、广告群、死群的过程，很大程度就是因为没有社群打造的环节，没有考虑清楚社群的定位、人群、内容、规则、架构等要素。但由于见不到立竿见影的效果，社群打造最容易被忽略。关于社群打造，我们总结了一套系统：社群打造四部曲，这将在第 5 章详细介绍。

建了社群但不做运营，结果就是烂尾。社群运营是社群新零售模式的重中之重，当然也是最需要花费时间和精力的环节。社群运营主要包括三个方面：日常交流、培训、活动。

日常交流，主要是传达信息和及时反馈。对于新零售项目，项目方要做的一项重要的日常交流是提供宣传素材给 B 端，包括图片、引导语、小视频、软文等，以便 B 端通过朋友圈、微信群、公众号、头条、微博、抖音等方式进行扩散宣传。提供素材的方式有多种，有的通过微信群，有的通过专用素材号，有的通过云盘，有的通过自己的小程序、App 等。

培训的作用主要是统一认知，提升技能。在新零售模式中，培训主要包括下面四项内容：1）产品相关培训，包括行业趋势、公司理念、品牌故事、产品知识等，增加大家对于行业、公司和产品的认知和了解。2）模式相关培训，包括社群新零售模式、S2B2C 模式、公司的分销机制等，目的是让大家清晰地了解运作模式和利益机制，测算自己的利益点。3）营销相关培训，包括营销流程、营销工具、引流和裂变模式等，提高大家营销推广的能力。4）社群相关培训，包括社群构建、社群运营、社群营销等内容，帮助大家掌握社群的系统知识，学会从零开始打造自己的社群，通过社群运营建立信任度和黏性，拥有高战斗力的大本营。

活动是社群的血液，对于社群至关重要。一个社群是否还活着，评估标准就看是否还有社群活动。活动分为线上和线下，形式灵活多样，核心是好玩有趣。线上的知识分享、发红包已经是司空见惯的活动形式了，此外，掷骰子、猜谜语、打卡等活动也很受欢迎。相比线上，线下活动成本较高、难度较大，但效果比线上要好很多倍。俗话说：线上聊千遍，不如线下见一面，就是这个道理。社群运营中可用的线下活动有很多，比如，线下沙龙、读书会、摄影比赛、徒步、穿越、拍电影、旅游、跳舞、大锅饭等。

通过日常交流、培训、各种各样的活动，社群成员之间频繁互动和交流，建立起了人和人之间的信任和黏性，社群不仅是可以赚钱的地方，更是可以找到志同道合的朋友、可以资源对接、可以抒发情感的阵地，成了大家心灵的归属，从而打造了精神联合体。

第三层：平台化发展。

通过产品销售，企业和渠道商赚到了钱，结成了利益共同体。通过社群运营，大家建立了信任和情感链接，打造了精神联合体。这时候，社群成员的思维必然已经发生了质变，单打独斗的做法早已被摒弃，合作已经成为本能选择，平台的土壤已经完全具备。

当一位社群成员有项目要启动时，其他成员会自动参与进来，有钱出钱有力出力，通过众筹解决资金问题，通过众创解决内容问题，通过众包解决人力问题，资源对接，合作共赢，快速启动和推动项目的发展。这时候启动项目会变得非常容易，会不断有新的产品和项目呈现出来，社群成员组成不同的团队来运营项目，平台要做的就是制定好运营规则，保证大家的共同利益。平台成了一条高速公路，每个项目成了一辆汽车，每个项目运营团队成了汽车的驾驶和维护人员，同时有多辆汽车在高速公路按照交通规则快速前进，顺利到达目的地，同时又有新的汽车不断上路。每个人都可以在其中找到自己的位置，发挥自己的优势，不再仅仅是个卖货的，而是可以开拓自己的事业，拥有自己的前途，最终打造成了事业共同体和命运共同体。

社群新零售不是简单的社交电商的升级，它是一个新物种，与电商、社交电商、社交零售有着本质的区别。

（1）社群新零售不是以产品销售为中心，单纯地打造利益共同体；而是以用户为中心，以用户需求为驱动，打造利益共同体、精神联合体和命运共同体。

（2）社群新零售不是简单地搭建平台、去中间化，而是通过大数据、云计算、人工智能等新技术、新手段、新模式，赋能和改造B端渠道，共同服务好用户，满足用户的需求，提升用户的消费品质。

（3）社群新零售不仅是为了提升效率，而是以用户需求为驱动，深入到产业链，改造传统行业的生产逻辑和供应逻辑，打造社会化企业，提升行业的发展。

（4）社群新零售不是为了制造概念获取流量，而是通过切实的赋能B端渠道来服务C端用户，企业的服务重心从C端用户转换成了B端渠道。

（5）社群新零售不是仅靠单一的线上渠道，而是更加注重场景化落地，实现线上和线下完美统一。

（6）社群新零售不是基于功能商业，不仅是满足用户的心理需求和生理需求，而是基于精神商业，更注重满足用户的精神需求。

3.2 社群新零售案例

3.2.1 年销售20多亿元的健康产品

蚂蚁农场是沐熙集团旗下的一家子公司，主打产品是大麦若叶青汁，是一款高碱性的健康口服食品，开始运作时采用的是传统微商模式，层层分销和拿货，发展迅速，很快有了几十万的大小代理。随着代理人员和销售额的增加，陆续遇到了一系列的管理问题，比如，夸大宣传、价格混乱、频繁跳槽、人员不稳定、代理体系不完善等，对公司的正常发展造成了一定的影响。

为了解决这些问题，公司从 2017 年起，开始向社群新零售模式转型，产品销售方面，采用了 S2B2C 模式，同时不仅仅局限于卖产品，而是销售和教育并行，重点启动了社群运营。

打造了沐熙商学院，包括培训课程体系和社群运营体系。培训课程方面，筛选和培训了 30 位商学院导师，研发所有的线上课程、线下体验式课程以及 5 分钟音频课程，陆续打造了几十门课程，涵盖行业背景、企业文化、产品知识、营销推广、社群运维、客户服务等内容，通过线上线下不同的方式，逐层逐级传递给各级代理，快速提升了代理们的认知水平和运作能力。

社群运营方面，基于代理的实际情况，制定了全套的社群构建和社群运营方案，构建了四个级别的代理商社群，通过日常运营，摒弃层层传达管理的传统微商模式，实现中央式管理和制度渗透，快速高效。同时，还进行了人才培养，陆续培养出了 300 多名社群运维官和 50 多名培训导师，保证了企业运营体系的持续稳定发展。

经过一年多的培训落地和社群运营，代理们对于公司的信任度明显加强，人员稳定了下来，并不断裂变出更多代理。同时，通过培训统一了对外宣传口径，明确了各项管理制度，价格混乱和夸大宣传等问题也迎刃而解。公司销售额从 2016 年的 15 亿元增加到了 2017 年的

21亿元，2018年和2019年持续增长。

3.2.2 尝鲜社群路线的茅台白金酒

2017年年底，茅台集团白金酒公司为了进一步提高销量，计划在全国招募合伙人，和我们达成了合作，由我们的团队负责设计方案并落地实施。我们先设计了招募方案，分为省级合伙人和县区合伙人，设置了不同的金额和回报机制以及支持政策，然后开始实施。

合伙人从哪里找呢？没有采用传统的方式，我们的选择是：社群。

团队成员分别在各自的社群中发布了项目信息，邀请感兴趣的小伙伴加入了相应的微信群，然后通过群内语音分享和线下项目说明会的方式，给大家介绍项目情况以及合伙人的招募政策。由于有茅台集团的背书，加上社群天然的信任关系，很快就有很多人表示了对项目的极大兴趣。

随后，我们决定在茅台镇做一个白酒品鉴和社群招商活动。制定了活动流程和细节后，我们筛选了100位有白酒渠道、有一定资源和实力、对这个项目感兴趣的小伙伴，一起来到了茅台镇。

总共三天的时间，安排了大家去茅台集团参观，游览了酒文化博物馆，参观了酿酒车间、观摩了酿酒的流程，一起聚餐、品酒，最后的半天时间做了社群招商。期间，有20多人现场签约省级或县区级合伙人，签约金额500多万元，取得了不错的效果。

第四章
社群新零售第一层：
产品销售

4.1 S2B2C的概念

4.1.1 S2B2C的解释

在第3章中曾经讲过,社群新零售的第一层是产品销售,目前最适合企业做产品销售的模式是S2B2C。S2B2C是一种对新零售、新商业未来创新的思考。

S2B2C是一种集合供货商赋能于渠道商并共同服务于顾客的全新电子商务营销模式。

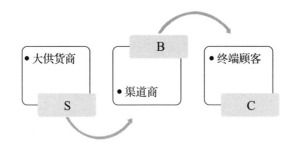

S:Supplier,指的是大供货商,它既要为渠道商整合上游优质资源,又要为渠道商提供SAAS工具、技术支持、金融支持等。

B:Business,不是传统意义上的商家,而是渠道商,主要负责与顾客沟通,发现顾客需求,同时将这些信息反馈给供货商,以便落实顾客所需服务。

C：Customer，终端顾客。

S2B2C的概念提出后，得到了企业的广泛关注，有不少公司开始试着尝试S2B2C的模式，但在目前，90%以上都不是真正的S2B2C。根本原因就在于，企业对于S2B2C的认知参差不齐，错误的认知必将带来错误的行动。

4.1.2 S2B2C的认知层次

对于S2B2C的认知，可以分为三个层次。

第一层：S2B2C是一种有效的销售模式。

这也是绝大多数人所理解的S2B2C。

进入移动互联网时代后，人们的行为模式发生了巨大的变化，呈现出几个突出的特点：碎片化、体验经济、情感链接。圈层化趋势特别明显，经常出现这样的情况：在一个圈层中讨论得热火朝天的事情，另一个圈层的人却一无所知。以前那种中心化媒体包打天下的局面已经一去不复返了，人们获得信息的途径更多是依托微信群、朋友圈、头条、微博、抖音等新媒体，人们不再相信电视广告，明星代言的作用往往不如朋友的推荐。

所以，当S2B2C被提出来后，一下子就吸引了很多企业的目光。企业突然意识到了，为什么自己要花那么多时间、费钱费力地去开发新客户呢？是不是可以借力现有的渠道和节点资源，借力其现存的信任和情感，来实现低成本的营销呢？

这就是对S2B2C的第一层认知：S2B2C是一种有效的销售模式。即借力渠道、节点和老客户介绍，低成本地完成企业产品的销售。企业负责提供优质的符合用户需求的产品，渠道和节点负责找到用户并完成销售以及对用户的服务，用户以合适的价格得到自己想要的产品，各取所需。

基于这个认知，形成了S2B2C的多种实现形式，其中最典型的就是微商和社交电商。前者就不用说了，数不胜数；后者的典型代表如云集、每日一淘、环球捕手等。

这个认知错了吗？没有错，但深度远远不够。如果仅仅停留在这种认知层面，企业做出来的S2B2C一定无法持续。因为资源是有限的，信任是会透支的。

第二层：S2B2C是一个开放的系统。

S2B2C的逻辑是价值赋能渠道商和深度服务顾客，形成一个以大供货商为基础设施和底层规则的生态系统。

在传统的B2B或者B2C模式中，2B和2C这两个环节是割裂的，供货商只负责提供产品给渠道，不直接面向顾客，顾客只能接触到渠道，不能把需求反馈到供货商。而S2B2C则将B端渠道和C端顾客紧密地联系了起来，这也是S2B2C模式最大的创新之处。假设供货商给渠道商供货，但渠道商服务顾客的过程，供货商完全没有参与，就谈不上S2B2C。因为这仍是B2B和B2C割裂的状态，无法为顾客提供更大的价值。

S2B2C开放系统具有以下几个特点：

第一，供货商必须基于对上游供应链的整合，提供某些增值服务，从而帮助渠道商更好地服务顾客。

第二，渠道商服务顾客的过程必须是透明的，并且会实时反馈给供货商，以此来提升供货商对渠道商的服务。

第三，渠道商是具有独立意志和行事自由的个体，顾客因他们的个体特质而来,流量属于渠道商,而非供货商,供货商只能赋能于渠道商,无权控制渠道商,两者关系的核心是协同,不是管理。

第四,其创新之处在于为渠道商(如小 B 店主)进行了赋能。同样都是销售,传统模式下小 B 是替平台打工,而在 S2B2C 模式中小 B 会更觉得是为自己在打拼,替别人打工和替自己打拼动力当然不一样,因此会更加卖力销售,更加有主观能动性。

第五,S2B2C 模式的实施落地,必须有一套软件去支撑,而这类软件应该是 SaaS 化的。

软件体系包括以下主要版块:

(1)链接后端供应链的全渠道销售管理 ERP;

(2)链接导购、顾客的 CRM 会员体系;

(3)顾客使用、供应商入驻的 App 商城;

(4)线下渠道智能销售 POS 系统;

(5)线下门店店中店触屏商城,可以让小店变大店,无限陈列商品;

(6)线下门店样品卡片购物商城。

整套 SaaS 化体系必须能融合线上线下全渠道零售、分销,必须打通全渠道的商品、订单、会员、库存、仓储、营销、财务、服务等,最终积淀平台大数据,形成智能化的数据分析平台,更好地服务终端会员。

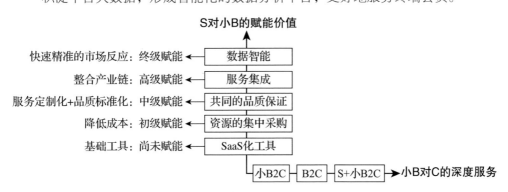

第三层：S2B2C 是一个先进的商业模式。

电子商务发展到今天，从最开始阿里巴巴的 B2B 到淘宝的 C2C，再到天猫的 B2C，每一种模式都有相应的缺陷——B2B 门槛高，难以形成大众创业；C2C 造成假货泛滥；B2C 则容易形成品牌垄断。

任何商业模式，最终都是为顾客服务的。从工业化时代进入到移动互联网时代，商业正在发生翻天覆地的变化：用户正在觉醒，不满足于被动地接受生产线的标准产品；企业也在觉醒，不满足于仅仅做代工的角色。工业化时代带来的供需不平衡，也将随着供求关系的反转得到解决。

> 以产品和供应链为中心的 B2B、C2C、B2C 等模式，必将被以用户为中心的 S2B2C 和 C2B 模式代替，从以产品为王进化为以人为本。

作为一种先进的商业模式，S2B2C 必然带来资源的合理配置，效率的提高，从而引发终端商品价格的降低，不然就谈不上先进。所以，链接资源，合理分配，提高效率，降低成本，让用户更方便快速地享受到更加物美价廉的个性化的产品和服务，这才是 S2B2C 应该做到的事情。

如何实现呢？靠工业化时代的大批量生产、大规模销售的模式，肯定是无法实现的。要靠用户需求驱动、个性化定制、柔性生产才能实现。所以，S2B2C 的本质其实是 C2B2S。

用户把自己的需求反馈给渠道商，渠道商对需求进行整理、分类，反馈给供货商，供货商根据需求通过柔性生产制造出用户需要的产品，再通过渠道商传递给用户，并提供相应的服务。2019 年 3 月，我们去了青岛海尔和酷特云蓝两家公司，其智能制造和柔性生产给大家留下了深刻的印象。酷特云蓝已经能做到服装一件定制，用户直接下单给企业，企业按需定制，每天生产4000件，件件都不同。

总结下，作为一个先进的商业模式，S2B2C具备的特点是：

（1）更优质的产品。

（2）更合理的价格。

（3）更周到的服务。

（4）用户驱动、按需定制、个性化生产。

S2B2C模式将能够带来比传统模式大得多的价值创新，供应商赋能于渠道商，共同服务于顾客，能够为顾客提供差异化的产品和服务，其构建的协同网络既契合了个性化消费趋势，也弥补了渠道商资源、技术等的不足。

4.2 微商模式和S2B2C一样吗？

经常有人问：微商不就是S2B2C吗？下面我们来分析比较一下。

S2B2C模式具有以下几个特点：

（1）价值赋能渠道商和深度服务顾客，2B和2C环节是融合而不是分割的。

（2）有SaaS软件系统支撑。

（3）用户驱动、按需定制、让用户更方便快速地享受到更加物美价廉的个性化产品和服务。

我们来看看微商模式。

作为近几年异常火爆的模式，微商被很多人所熟知，但同样因为频繁刷屏、过度广告、产品不过关等问题被广为诟病。

微商采用的是多级代理制度。不同级别代理要求的拿货数量不同，享受的价格不同，拿货越多，价格越优惠。上级代理发展下级代理并供货，赚取产品差价，或者直接面向终端用户销售获得利润。这是传统的微商模式，由于直接借用了微信的朋友圈链条和信任关系，所以交易成本大大降低，转化成交快速顺畅，在这个模式下，涌现出了多个做到亿级的微商品牌，如颜如玉、一叶子、英树、脂老虎、美颜秘籍、古瓷等。

★【一级授权代理】 15 箱起	保证金 2000 元 58 元/盒
★【二级授权代理】 3 箱起	保证金 1000 元 68 元/盒
★【三级授权代理】 1 箱起	无保证金 78 元/盒
★【特约授权代理】 5 盒起	无保证金 98 元/盒

但是，我们也看到了大量的微商品牌，或者由于产品品质问题，或者由于团队问题，或者由于虚假宣传问题，在迅速发展迅速倒下。

微商最大的问题是囤货。据业内人士介绍，60%以上的微商手里都有囤货，有的甚至两年之前的货还在手里，但是当初的品牌和厂家早已不在了。无奈只能自己消化，或者底价甩货。

囤货的根源是销售不力。微商产品，特别是早期的产品，很多是小工厂做的小品牌，比如之前火爆的一些面膜品牌，市场售价每盒100多元，实际成本只有不到10元钱。这样的产品品质可想而知。由于成本低，可以拿出高额的利润吸引各级代理加入。代理加入后，通过朋友圈进行推广销售，你的朋友因为信任你而购买，但是产品品质不过关，和宣传口径相差万里，请问，下次朋友还会找你购买吗？这样的产品，或者根本无法卖给终端用户，或者卖出去一次后无法形成复购，产品也就积压到各级代理手里了。

为什么很多人会认为微商就是 S2B2C 呢？因为从形式上看，品牌方相当于 S 端，负责提供产品，各级代理相当于 B 端，负责销售给终端用户 C 端。看似相同，但是我们仔细比较一下：

（1）S2B2C 是价值赋能渠道商和深度服务顾客，2B 和 2C 环节是融合的；微商模式中，供货商并不参与到用户服务中，和用户是失联的，2B 和 2C 环节是割裂的。

（2）S2B2C 有 SaaS 软件系统支撑；微商在早期普遍没有什么系统支撑，后期才有了分销系统。

（3）S2B2C 是用户驱动、按需定制、让用户享受到更加物美价廉的个性化产品和服务，是为用户提供价值的；微商是借助朋友圈的信任关系，把品质一般甚至不过关的产品以更高的价格卖给用户，是收割用户的。

当然，微商模式也在进化，在传统微商模式基础上，逐渐演化出了新的微商模式，如直营微商、平台微商、实体微商等，也更加注重产品品质和用户服务。

4.3　S2B2C 的三个要点

要想做好 S2B2C 并不容易，有以下三个关键要点需要注意。

4.3.1　产品够硬

企业存在的唯一价值是解决社会问题，产品存在的唯一价值是满足用户需求。要想做好 S2B2C，第一个要点就是产品够硬，否则一切都是空谈。

什么样的产品才够硬呢？有以下 4 个评价标准：

高频、痛点、刚需、市场大。

高频指的是可重复消费；痛点指的是能方便快速地解决用户的某个痛点；刚需指的是能满足用户的某个底层需求（如吃喝玩乐、衣食住行等）；市场大指的是适用人群范围广。

4.3.2 B 端够强

作为承上启下的桥梁，B 端在 S2B2C 模式中至关重要。

承上，B 端要调用 S 端提供的某个产品和服务；启下，B 端要做好 C 端顾客的服务。B 端需要具备以下两个特点：

1. 有丰富的顾客资源

B 端在模式中的第一个作用是产生销售，只有掌握大量的顾客资源，才能带来大量的销售。

2. 有强悍的用户运营能力

顾客因 B 端的个体特质而来，流量属于 B 端渠道商，而非供货商。B 端的第二个作用是服务顾客。要想做好服务，必须懂得用户运营，通过内容运营、活动运营等为用户提供源源不断的价值，增加信任感，增进情感链接，同时在与用户沟通交流中获得用户内心的反馈，了解他们的需求和痛点，收集提炼并反馈给 S 端，从而实现按需定制。

要想做好 S2B2C，必须有强悍的 B 端支撑。如何吸引到 B 端呢？第一，要靠好的模式。同为 S2B2C，运作模式千差万别。好的模式必须投入小、收益大、操作简单。第二，要能真正为 B 端赋能，**不能为 B 端赋能的 S2B2C 是不可持续的**。赋能分为多种，如软件系统的赋能、知识赋能、IP 赋能、产品赋能等。做得好的 S2B2C 平台，一般都会有完善的素材、培训体系、活动体系，能吸引到强 B 端并更好地赋能 B 端。

4.3.3 供应链够厚

S2B2C 前半段拼的是 B 端资源，后半段拼的是供应链。

我们有一个合作的企业，通过代加工方式，由广东厂家帮忙生产产品，企业本身招募 B 端资源进行销售。由于产品品质好，又有较好的 B 端资源，很快就打开了市场，半年销售额就达到了 3 亿元。但厂家不满足于代加工角色，开始做自己的品牌，直接开始竞争，从此上演了挖墙脚、互相攻击等闹剧，对企业造成了不小的影响。痛定思痛，企业开始打造自己的生产基地，把源头牢牢抓在了自己手里。

另一家合作的企业晨光生物，是河北的一家创业板上市公司，是天然植物提取物生产商，世界天然色素行业领军企业，2018 年开始利用领先的植物萃取技术，进军健康行业。其在国内的邯郸、新疆、云南、内蒙古以及海外等地都有自己的种植基地，从源头保证了供应链的稳定。

如果有足够的实力，可以打造自己的种植基地和生产基地；如果实力不够，也可以和别人的基地和工厂合作，借力使力，但要签好合作条件，保护自己的权益。

4.4 S2B2C 的案例

4.4.1 山西美特好超市

山西美特好连锁超市股份有限公司创立于 1997 年，是山西省最早从事零售连锁经营的企业。1998 年，美特好在太原市成立大型仓储式超市——美特好迎宾店，并率先引进"一站式购物"的全新理念，开创了山西零售业的新纪元。2001年5月，太原市第一座现代化大型超市——美特好滨河购物广场开业，面积25000平方米。将全新欧洲概念、现代风格融入其中的滨河购物广场，成了美特好发展史上一个重要里程碑。

随着互联网高速发展，面对智能化、数字化、社会化的冲击，传统企业不得不寻求转型之路，美特好也面临转型升级，开始创建微商城，加入其他的平台，开辟线上销售渠道，但是结果却收益颇微。

为了改变现状，美特好开始筹建自己的平台。从2015年筹备，直至2017年成功打造了"全球蛙"区域新零售平台，定位"太原生活·供应链App"，通过技术赋能、供应链赋能，助力区域实体店创新转型。

目前已经吸纳了农特土货、原创国货、进口洋货等众多品类商品，并且借助全渠道ERP，实现移动端、门店端之间商品、会员、订单、库存的数字化改造与全渠道运营。同时通过ERP打通供应链源头，实现农特土货产地直发、原创国货工厂直供、进口洋货海外直邮。不仅将平台商家运营成本大大降低，同时为会员与入驻商企提供全渠道服务。美特好本身就是山西零售巨头，借助其自身的龙头效应聚集本地流量，联合本地服务商家，通过平台赋能实现区域零售新升级，从而实现了S2B2C模式的落地。

4.4.2 爱库存

爱库存是一家品牌产品库存清货平台，上游连接品牌商，打通库存数据和资源，下游通过发展代购连接消费者，2017年9月上线，当月即获得钟鼎创投A轮融资1亿元。目前平台已发展代购超过10万人，合作品牌达到1000家以上，2018年5月GMV（Gross Merchandise Volume，网站成交金额）就已破亿。2018年7月2日，获得了君联资本领投的 5.8 亿元 B 轮融资，这是它在半年内的第二笔上亿元融资，成了 2018 年的明星企业。

下图是爱库存的运作模式，作为一个平台，它聚集了很多品牌商，构成了 S 端，整合了很多代购，构成了 B 端，通过 App 实现了信息流和资金流的流转和记录，通过代购把品牌商的优质产品信息传递给代购手里的顾客资源，从而实现产品的销售。

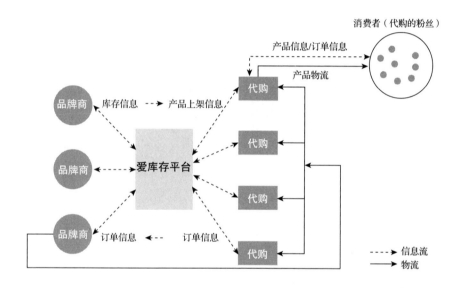

爱库存合作的都是知名大品牌，如好孩子、欧莱雅、耐克、阿迪达斯等，销售的是这些品牌的库存产品，一两年之前的产品，并非最新款，产品价格是市场价格的 1/3 到 1/5。比如下图这款 Coach 的单肩包，市场价格 4200 元，爱库存售价 1409 元。由于价格优惠，有品牌背书，在代购们的大力推广下，爱库存的产品销售做得风生水起。

但是，随着业务的发展，一些问题逐渐浮出了水面。有的代购反馈有 A 货或产品有破损，有的代购反馈说仓库发货时，面单上有"爱库存"字样，这是代购不愿意看到的，他们并不想自己的用户知道爱库存的存在，从而可能会跳过自己直接去爱库存下单。更要命的是，爱库存的客服反馈速度极慢,用户的问题反馈到代购,代购无法解答,只好传递给爱库存客服,客服也不懂,只好传递给品牌方,这样一来二去,导致了反馈速度极慢,很多代购因此丢了订单,怨声载道。

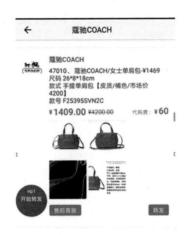

问题产生的根源实际很简单,就是因为2B和2C是分割的,品牌方并没有参与到顾客的服务中,也没有赋能代购并帮助代购一起服务好顾客。代购只能销售产品但没有能力服务顾客。

如何解决呢?在和爱库存交流时,我们提出了以下建议:

(1)每个品牌上架前,做好产品说明和"百问百答",发给每个客服学习。

(2)培训客服基本技能,提高客服响应速度,并和绩效挂钩。

(3)成立"代代商学院",为代购们提供培训,包括营销、社群运营、话术等方面的培训,提高代购推广和服务能力。

(4)筛选做得好的核心代购,总结自己的经验教训,现身说法,分享交流。

(5)构建代购社群,做好代购社群运营,组织各种活动,建立信任和黏度。

目的就是让S端和爱库存一起赋能B端,提升B端能力,从而更好地服务C端顾客。

第五章
社群新零售第二层：
社群运营

如何通过社群运营为 B 端渠道赋能并打造精神联合体？企业如何社群化？个人如何从头开始打造社群？如何实现社群从 0 到 1 到 10 的持续发展？如何实现社群商业和转化变现？

刚接触社群，很多企业会无所适从，明明知道社群很重要，但就是不知道这条路该怎么走，无从下手，心里没底。就像一个人到了一个陌生的城市一样，想要从 A 点到 B 点，但是两眼一抹黑，不知道往哪个方向走，不知道中间会有多少岔路，不知道哪条路堵车哪条路顺畅。幸好有专业地图，能为我们导航。那么，企业社群化怎么做，社群的这条路怎么走，有没有一个清晰的地图和精准的导航呢？是否能指导我们按照路线一步步向前走，直达最终目的地呢？

通过这几年的社群商业实践和研究，总结不同项目落地的经验和教训，学习同行们的分享，我总结出了一个地图，称之为企业社群化地图，见下图。无论是企业想通过社群转型升级、实现社群化，还是个人想从头开始打造和运营社群，这个地图都可以提供清晰的行动路线和指导，它就是社群商业的"高德地图"。

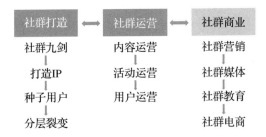

第五章 社群新零售第二层：社群运营

企业社群化地图分为三个阶段：社群打造、社群运营和社群商业。用养育孩子的过程来作对比，社群打造是从0到1，相当于生孩子的过程；社群运营是从1到10，相当于养孩子的过程；社群商业是从10到无穷，孩子长大成人了，有了自己的独立思想和人格，开始成家立业，按照自己的理想去拼搏，追逐自己的梦想。

社群打造分为四个步骤，我称之为"社群打造四部曲"：社群构建九剑、打造IP、种子用户、分层裂变。社群运营分为三个版块：内容运营、活动运营、用户运营，我称之为"社群运营三板斧"。随着社群的运营，群内的链接越来越强，信任度和情感越来越深，社群商业就是水到渠成的事情，和社群新零售的第三层"平台化运作"是同样的道理。社群商业的形式有多种，比如社群营销、社群教育、社群旅游、社群电商、社群众筹等。本书中重点介绍社群打造和社群运营，以及社群商业中的社群营销。

> 开车需要专业地图，做社群需要企业社群化地图。
> 企业社群化地图分为三个阶段：社群打造、社群运营和社群商业。

5.1 如何打造有长寿基因的社群

本节主要介绍"社群构建九剑"，另外三部曲：打造IP、种子用户、分层裂变，会在5.4中详细介绍。

5.1.1 悲催的社群现状

"社群"无疑是当下最火爆的字眼之一,各种社群应运而生,各种俱乐部、协会、圈子、商会、校友会、老乡会……纷纷把自己称为社群,网络上的 qq 群、微信群,更是多如牛毛。

但是,这些所谓的社群,究竟算不算社群呢?为什么我们数来数去,真正能拿出来讲的还是罗辑思维、吴晓波频道、正和岛等少数几个呢?

我们每个人都待在不止一个社群中,这些社群一般都会经历这么一个生命周期:一开始成立时大家热情高涨,举办各种活动、各种聚会,恨不得把群当作自己的家,把群友当作兄弟姐妹,但当热情褪去后,一切恢复平静,群也很快沦为了僵尸群,更悲催的是沦为了广告群、死群。

现在很多人有这样的习惯,线下搞场活动,一定会建群把大家聚到一起,群是建起来了,然后就没有下文了。没有规则、没有内容、没有互动,直接成了死群。当然,群并不是越活跃越好,而是该活跃的时候活跃,该沉默的时候沉默,如果一个群整天叽叽喳喳的,大家也会不堪其扰。现在的问题是,真正有价值的群太少,这样下去,可以断言,未来一定会掀起一股大规模的退群潮。

总结一下,社群经常出现的问题:

（1）发起者仅靠一时的冲动去做社群，没有统一的文化和价值观，缺乏持续性。

（2）发起者功利心过重，建立社群的目的是为自己谋利，尽管很多人声称建群是为大家服务，但是言行不一。

（3）发起者过于以自我为中心，试图以"老大"（线下）或"群主"（线上）的身份去建立链接，强调自身的权威，唯我独尊，打压自认为"抢风头"的人。

（4）不懂付出也不会付出，仅仅试图以"平台"这个单一的概念就想聚拢人气。

（5）活动质量低，没有价值的释放。

（6）鱼龙混杂，人员不具备共同属性。

（7）没有门槛，缺少规则。

综上所述，打造社群不是那么简单的，不是拉一些人聚在一起就能成为社群，不是同学聚到一起就是一个社群，至于那些 qq 群、微信群，如果缺乏内容、链接和规则，更是不值一提！光有房子不是家，因为还需要人，光有人不一定是幸福的家庭，因为还需要理解、宽容和爱。

5.1.2 社群构建九剑

要想社群长寿，需要赋予它长寿的基因和良好的成长环境。建一个群需要考虑很多的因素，经过我们的实践和研究以及经验教训总结，把它归结为"社群构建九剑"。

每一剑就是我们打造一个社群需要考虑的一个关键要素。也就是说，如果你想建立一个优质的社群，如果你希望这个社群能够长久持续发展，那你最开始就要把它需要的要素都考虑清楚，都落实到位。

有人可能会说，做一个社群需要考虑那么多吗？这也太麻烦了。我们的社群没有考虑九剑，现在不也挺好吗？其实如果你仔细分析下自己的社群和其他社群，你会发现只要是运作良好的社群，一定兼顾到了上面九个因素中的全部或大部分。

社群构建九剑	一、用户剑 二、痛点剑 三、资源剑 四、定位剑 五、模式剑 六、规则剑 七、归类剑 八、布局剑 九、团队剑

第一剑：用户剑

用户剑指的是明确社群成员要包括哪些人，他们的画像是什么。

在传统的思维里面，商业模式是先产品后市场，企业创始人、研发人员想出一个产品的雏形，然后把产品打造出来，并通过各种方式，如电视媒体、百度竞价、广告等方式把产品卖出去。但是现在这种做法完全行不通了，你生产的产品你自己觉得很好，但是用户不买账，用户不需要，你就会卖不出去。大家看一下现在的企业现状，就知道为什么那么多企业有大量的库存，并且企业资金流越来越紧张，就是因为用原来的模式造成了一个巨大的供需不平衡。

社群思维跟传统思维是完全相反的，先市场后产品，先找到用户，先找到需求，先找到市场，甚至先把用户的钱拿到手里面，再去生产产品。

传统思维　　社群思维

先产品后市场　　先市场后产品

所以，我们必须先了解我们的用户到底是哪些人，用户的消费习惯、购买习惯、购买路径到底是什么。你对用户了解得越清晰越透彻，就越能够抓到用户的痛点，越知道应该生产什么样的产品，以及怎么样能把产品卖给用户。这是一条线，是相辅相成的。

对用户的了解需要落实到以下三个方面：第一个是用户的社会属性；第二个是用户的生活习惯；第三个是用户的消费习惯。可以关注一些细化的指标，比如性别、年龄、职业、收入水平、居住城市、婚姻状况、行为习惯、消费水平等。买化妆品是买国内的还是国外的，买衣服喜欢买什么样的品牌，喜欢去淘宝上淘来淘去，还是喜欢去天猫购买，喜欢去京东上直接下单，还是喜欢逛商场。你对这些用户的了解程度越深，你探测的指标越多，你对用户真实需求的把握就越精准。

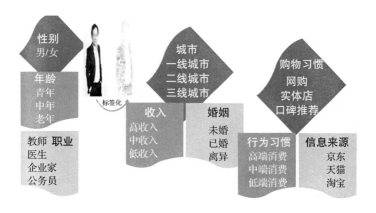

建议在网上找一个思维导图的软件，然后用思维导图的方式把用户的这些指标描述出来，这样一目了然，看得非常清晰。

> **构建社群圈定用户时，需要遵循的基本原则叫"三近一反"。**
>
> 一个社群的人群构成至少要符合其中一条，符合的越多，人群越精准。

地域相近：比如，老乡群、小区群。

兴趣相近：比如，读书会、吃货群、跳舞群、羽毛球群、围棋群、游戏群。

年龄相近：比如，同学群、发小群、中年企业家群。

性别相反/资源相反：比如，相亲群、恋爱群、供求群、投资群。

基于地域和兴趣是最常用的圈定用户的方式。

第二剑：痛点剑

痛点剑指的是瞄准用户后，了解他们都有什么样的痛点。

每个人都有很多痛点。弗洛伊德把人格分为本我、自我和超我。本我是完全利己的，本我的人考虑问题完全是从自己的角度出发，想得到更多的钱，想干更少的活儿，想做自己最喜欢做的事情，想穿最漂亮的衣服，想吃最美味的食物，想去最优美的地方旅游，无忧无虑。但是，从自我的角度会管理本我，从超我的角度，外面有很多行为规范法律法规必须遵守，很多事情你想做，但是做不了。因此，自我和本我、超我之间就会产生冲突，这就是痛苦产生的根源，欲望超出现实。

痛点通常可分成三个层次：第一层是生理痛点，这是最基本的与衣食住行相关的痛点；第二层是心理痛点，比如太孤单、太纠结；第三层是精神痛点，比如胆怯、恐惧、缺乏支撑等。

你需要去探测用户的痛点，找到他们生理、心理以及精神层面的痛点。痛点和需求是对应的，得不到满足的需求就可能会演变成一个痛点。

第三剑：资源剑

资源剑指的是梳理我们自己具备的资源。

人应该做的是充分发挥自己的优势，而不是弥补自己的劣势。选择是否做一件事情，要看我们的资源是否能够匹配，"想做+能做"是最佳组合。

做社群需要评估我们具备的资源，判断能不能把这个社群真正做起来。对于个人来讲，资源通常包括你的人脉、专业能力、特长、时间、金钱等；对于企业来讲，资源通常包括你的产品资源、品牌资源、技术资源、人才资源、用户资源、模式、渠道资源、资金等。做社群是个系统工程，并不是像很多人所想象的随便建个微信群的事，需要人力、物力、精力、财力的投入，必须从各方面去考虑，从什么角度入手去运营社群比较符合你的实际情况。

其实世界上并不缺资源，冗余资源非常多，最大的浪费实际上不是产品的浪费，不是资金的浪费，而是资源的浪费，可称之为巨大的资源库存。每个人、每个企业都有很多资源在闲置，仔细梳理资源后，也许会给你很多的惊喜。

比如，罗辑思维。罗振宇为什么能把罗辑思维做起来，并且做得风生水起呢？罗辑思维最开始的定位是一个知识型的社群，每天都分享一些相应的知识，这就要求有强大的内容生成和输出能力，这恰恰是罗振宇的优势。他毕业于华中科技大学新闻系本科，之后又取得中国传媒大学电视系硕士和博士学位，在央视工作多年，先后担任CCTV《经济与法》《对话》栏目制片人，《决战商场》《中国经营者》《领航客》等电视节目的主持人，第一财经频道总策划。他拥有极其丰富的知识储备，加上良好的口才，所以他能做好知识分享。此外，他背后还有强大的内容团队和制作团队。

在罗辑思维火爆之后，陆续有多个类似的个人脱口秀节目出现，但是现在能让人记住的还有谁？

想做 + 能做,才是最好的选择。

第四剑:定位剑

定位剑指的是明确社群的定位和目标。

前面我们谈到了定位理论,由美国著名营销专家艾·里斯与杰克·特劳特于20世纪70年代提出,被称为"有史以来对美国营销影响最大的观念"。

怕上火喝王老吉;今年过节不收礼,收礼只收脑白金;去屑就是海飞丝。这些耳熟能详的广告语实际上都描述了非常清晰的产品定位,社群同样如此,需要清晰的定位。

社群的定位,简单说就是你希望你的社群运作起来之后,别人提到你的社群时,他会想起哪句话,他会想到什么标签。比如提到黑马会,大家会想起:中国最大的创业者社群,这就是它的定位。

作为创始人,打造一个社群时,都有一个初心或出发点,为什么要打造这个社群?这里有个关键点,你的初心是否"利他",是否能为用户提供价值。如果打造社群的初心仅仅是为了销售自己的产品,扩大自己的圈子,打造个人IP,那么这样的社群是无法持续的。所以,如果你不是基于利他和共赢,建议还是不要轻易涉足社群。

下面列出了常见的建群诉求:

为了人脉和交友。为了形成属于自己的人脉网络而建群,比如老乡群、同学群、离职员工群;比如华为离职员工社群"华友会",腾讯离职员工社群"南极圈",都属于此类。

为了学习和成长。为了学习知识,分享干货,比如电商交流群、股权学习群、新媒体学习群等。读书会是典型代表,比如十点读书、吴晓波书友会、樊登读书会等。

为了兴趣爱好。打造共同的兴趣圈子,比如跑步群、摄影群、跳舞群等。

为了卖货，销售产品。发掘潜在客户，服务现有客户，比如股票群、微商群、产品群等。

为了玩乐。聚集更多人一起聚会、旅游、吃饭、K 歌等，比如驴友群、吃货群等。

冯新老师打造的社群叫碳 9，他之前是做投资的，后来发现识人是最难的，就希望通过学习来筛选优秀的创业者，同时也发现大家习惯了碎片化学习，但效果并不好，所以打造了碳 9 这个社群。该社群定位是：创业者深度学习社群。为创业者提供系列的创业培训课程，它的一个核心是深度，参加碳 9 培训，不是平时那样简单听课就行了，要获得听课资格，你需要过五关斩六将，参加的过程会非常辛苦，基本上就是一个全职学习的状态，所以叫创业者深度学习社群。

李善友打造的混沌研习社是一个创业服务社群，定位是一所全新的互联网大学，为创业公司培养具有互联网思维和全球化视野的创新人才。

如何为自己的社群定位呢？

还记得前面我们谈到的三剑吧？用户剑、痛点剑、资源剑。社群的定位，就是基于资源和痛点的交叉点。

找到了目标用户，探测出他们的痛点，一个个列出来，按照痛苦程度排序，从最大的痛点开始，依次写在表格的左列。梳理你自己或者你的企业所具备的资源，也逐个列出并依次写在表格的右列，如下表所示。

痛点 VS 资源：	
痛点 & 需求	资源
能解决的痛点 & 需求	

接下来进行匹配。靠你的这些资源，你能够最快速最轻松地解决哪一个痛点？如果是第一个痛点，那就把它作为你要攻克的重心，这就是你的方向，就是社群的定位。如果你发现靠你的资源根本解决不了第一个痛点，那么我们再瞄准第二个痛点、第三个痛点，依次下来，通过这种方式，找到你的资源和痛点的交叉点，据此为你的社群定位。

比如，中国女创学院是胡聪发起的女性创业者社群，目标用户是女性创业者。他发现作为女性，在创业中面临着很多现实的问题，比如团队问题、知识和经验欠缺问题、资金问题、家庭问题等，胡聪之前做 E-MBA 云商学院，积累了很多商学院老师资源，可以提供知识赋能，所以成立了中国女创学院，和这些老师合作，通过线上和线下的课程，为女性创业者提供所需的知识，提升她们的创业能力，帮女性创业者实现创业梦想。

定位剑确定后，还有一点需要特别注意，就是必须明确社群文化和价值观。社群是一群人组成的精神联合体和利益共同体，前者的建立，靠的就是文化和价值观，**没有共同的文化和价值观，就是一群乌合之众，这样的社群无法持续**。

比如，吴晓波频道提倡的价值观是认可商业之美，崇尚自我奋斗；酣客公社提倡的价值观是靠谱。我打造"众生活"社群的价值观是

"灰度做人，利他做事"。

第五剑：模式剑

模式剑指的是瞄准用户痛点和社群定位之后，用什么样的方式来解决这个痛点。简单讲，就是这个社群要做什么。

还是以黑马会为例。黑马会针对的目标群体是创业者，解决的痛点就是创业者找人找钱找资源难，怎么去解决呢？黑马会采用了多种方式。

通过黑马创业大赛，给创业者提供路演平台展示自己的项目，帮创业者对接投资人，解决找钱的难题。

通过 i 黑马平台、黑马社群、媒体报道等方式，帮创业者对接资源以及寻找合伙人。

中国女创学院的模式就是定期开设线上和线下的创业培训课程。

南极圈的模式就是项目路演和投资对接。

第六剑：规则剑

规则剑指的是制定社群成员需要遵守的规则。

一个好的社群，需要具备明确的群成员关系和一致的行为规范，也就是社群架构和社群规则。没有规矩不成方圆，但是需要注意，社群不等于粉丝群，作为发起人，千万不要把社群当作自己的私人工具，不要把自己当作老大，不要把规则作为维护自己权威的工具，社群要多中心化，设定的规则要能促进社群中人和人之间的链接，而不仅是人和群主之间的链接。

以下是几个社群的群规，供大家参考。

一、自强学堂群规

1. 禁止私自拉朋友入群，加入自强学堂请@秘书长或者@堂主或

@群主；

2. 群内禁止发送任何广告（软广告/硬广告）；

3. 群内禁止讨论一切政治敏感话题；

4. 群内禁止发布任何未经证实的消息；

5. 群内禁止散播谣言；

6. 群内成员如需组织活动，请通过秘书长或堂主或各群群主审核，统一发起；

7. 自强学堂任何群内成员都不得以自强学堂名义收取任何费用。

二、懒人村群规

1. 不带陌生人入村（不私自拉人）；

2. 爱护环境不贴牛皮癣（不发广告图/链接/刷屏）；

3. 以懒人村村民为荣、村民证随身带（发到朋友圈）；

4. 懒人村是一家亲，宣传靠大家（分享懒人村重大公告到朋友圈）；

5. 修改群昵称（姓名＋村民证号＋地区，不可携带广告）；

6. 为民谋福有诚意（发红包均值不低于0.5元/个）；

7. 不打架斗殴（村民要相亲相爱）；

8. 禁止谈论政治、宗教、敏感话题；

9. 早睡早起身体好（晚22:30～早7:00禁言）；

违规2次警告无效，清村处理（村民证作废）。

三、移动互联网大牛村"牛七条"

1. 拒绝"替身"；

2. 入群村民须在大牛村公众号里提交个人资料，包括社会职务、在职单位、主营业务、个人资源、个人信息等资料；

3. 大牛村村民不提倡的12样东西：课程、硬广告、活动、商品宣传、闲扯、问候、鸡汤、马屁、二维码、大照片、公众平台、投票；

4. 拉新时，要把你的朋友先介绍给村助理；

5. 在大牛村，国事、赌毒事，事事不关心；家业、商业、思想业，夜夜来交流；

6. 大牛村最忌讳的东西有：未经证实的求助、慈善、活动，以及"不转不是中国人""诅咒""算命""心灵鸡汤""内嵌广告"等三俗内容；

7. 大牛村村民都是文明人，互动而不互相攻击，启迪而不彼此诋毁。另外，别对外泄露群友个人信息。

第七剑：归类剑

归类剑指的是确定社群的分类。

社群的分类有不同的维度。

按照费用来说，分为收费社群和免费社群。社群一定要有门槛，可以是费用的门槛，也可以是其他门槛。通常来讲，收费社群的生命力会更长久一些，因为有门槛，有付出，群成员会比较珍惜。除了收费外，对群成员的资质审核也是门槛。比如，芝士会社群，要求申请者缴纳89元，填写个人详细信息，同时要通过两轮的电话面试才能正式加入。

按照功能来说，分为流量型社群和商业型社群。前者从做流量入手，最终通过流量来进行转化变现，典型代表是读书会社群、兴趣社群、交友社群。后者又叫产品型社群，直接做产品、直接进行销售，从而实现转化和变现，典型代表是微商社群、电商社群。

这两种社群对于操作能力和资源的要求是不一样的，做流量型社群，你需要迅速地把流量做起来，这就要求你在社群里面不断地贡献价值，不断地产生内容，所以你需要有强大的资源能力和内容生产能力。做商业型社群，你需要有优秀的品牌背书，有优质的产品，有极致的爆品，这样才能让群成员快速地把产品销售出去，获得利益回报，从而增加社群的吸引力，促进后续的传播和裂变。

第八剑：布局剑

布局剑指的是做好社群的顶层设计和顶层架构。

很多社群毫无规划，做到哪儿算哪儿。大错特错，**做社群一定要先做顶层设计。打造社群前就要考虑好社群未来的发展目标、计划和路径。**

布局剑指的就是你的社群顶层架构的布局。是线上还是线下，社群分布是全球、全国还是某个省份某个城市，群之间的组织关系如何设置，发展多少个群，什么时间完成。

明确目标和计划，有条不紊地执行，否则只能是随波逐流，做出的社群也必然是乌合之众。

社群的布局对于你的团队、你的资源、你的空间场地也提出了不同的要求。比如，你的社群布局在北京，是本地的一个兴趣群，那么你只要在北京有相应的团队、场地资源即可，并且在北京本地招募群成员就行。但如果你的社群布局是全国，那就意味着你在全国很多城市都要落地你的社群，从团队上和空间上，你需要有城市合伙人、代理、渠道或者合作方。所以布局不同，对你的团队、资源、能力等各方面的要求也是不一样的，你需要考虑你的资源能不能支撑起来。

2018年年底，我们发起了"超级群主"项目，目的是聚集优质社群和群主，打造社群高速公路，打造共享社群联盟，帮企业直达用户，帮用户直达需要的产品和服务。

超级群主本身就是个社群，是群主的社群，它的布局如下图所示。

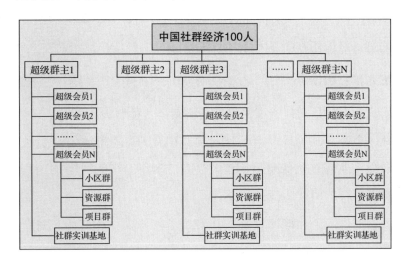

第一层是中国社群经济100人。我们筛选了100位在社群领域有突出贡献的人加入进来，包括社群研究者、社群行业专家、通过社群商业做出重大业绩的企业家。

第二层是超级群主。筛选150个城市，每个城市招募7位超级群主，组成本地的委员会，最终是150×7＝1050位超级群主。

第三层是超级会员。每位超级群主可以招募最多150位超级会员。每位会员本身也是群主，也有自己的社群，如小区群、兴趣群、资源群、产品群等。最终是1050×150＝157500位超级会员。假设每位会员有500人的群，最终可以覆盖7875万人，形成一个庞大的社群矩阵和社群资源池。

第四层是社群实训基地。这是线下的空间实体。当一个城市的超级会员达到100位后，用社群众筹的方式，在一个城市落地一个社群实训基地，本地的培训、沙龙、会员的项目路演、产品展示、产品体验、本地社群团队的办公、会议等，都可以在实训基地落地，打造为一个社群孵化中心。

超级群主项目将线上与线下结合,最终打造一个强大的、互助的、共享的社群网络。它有具体的目标、每一步的计划、团队的配合,都非常明确,目前正在有条不紊地推进着。

第九剑:团队剑

团队剑指的是用什么样的组织架构来运营社群。

做一个社群,最终你会发现,其实和做一个企业没有什么太大的不同。做企业应该做的事情,应该具备的资源,应该具备的组织架构等,在做社群的时候也应同样具备。

人们加入一个社群的过程往往是一个逐步演化的过程,会在其中扮演移动的角色,并基于这种角色与社群其他成员形成相对稳定的关系性质和关系结构,基于社群关系持续保持互动。美国数字营销专家南希·怀特(Nancy White)和埃利奥特·沃克曼(Elliot Volkman)将社群中的不同用户分为以下7类:

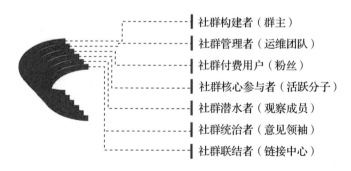

(1)社群构建者:他们为社群设置目标,规划社群的未来发展,打造社群的影响力。

(2)社群管理者:他们监督管理整个社群部落。

(3)社群付费用户:他们为社群的运转提供资金,为社群的发展添砖加瓦,他们同样也是反映社群建设的晴雨表。

(4)社群核心参与者:他们较为频繁地访问社群,积极参与社群活动,他们是为社群做出贡献的群体代表,社群的核心参与者是一个社群最重要的人群之一。

(5)社群潜水者:他们比较安静,对于分享观点表现得较不积极,通常情况下,他们只看社群的内容却不去评论不去表态,尽管如此,但他们却非常有可能被激活。

(6)社群统治者:他们可以被称为社群的超级用户,他们具有影响力,拥有很大的话语权和众多的追随者。

(7)社群联结者:他们积极活泼,擅长沟通交流,他们的特点是能够跨界参与到多个群组的讨论中,所以他们是社群的链接中心,能够将不同的社群联系到一起。

分析社群不同成员的角色功能是为了更好地了解社群的生存发展轨迹,也是为了针对不同的社群成员进行有差异的对待并运营社群。

社群运营由运维团队负责,运维团队一般分为三个角色:运营官、内容官、信息官,如下图所示。

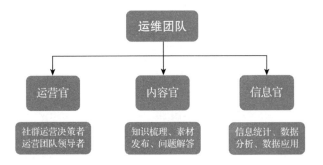

运营官是运维团队的负责人和领导者,社群运营的决策者,负责制定运营目标和计划,并分配运营工作。

内容官负责社群内容的输出和整理,包括知识梳理、素材发布、问题解答等。

信息官负责社群数据的分析和应用以及信息的统计。

三种角色各司其职，互相配合，保障社群的顺畅运营。

比如做线上的分享，邀请某位大咖做专题讲座，邀请网红做直播，这是社群运营中非常普遍的活动。为了此次的线上活动，就需要不同的运维角色执行落地。

运营官：做好活动的规划，什么时间、用什么方式、请什么人、分享什么主题。这些都要从群成员角度出发来规划。比如，群成员以上班族为主，那么分享时间就不能放到白天，因为大家都要工作，没时间参加。分享嘉宾是行业专家，是否被群成员所认可；分享主题是否对群成员有吸引力。任何环节没有考虑到位，都可能造成活动的失败。

内容官：根据活动规划，定期安排群内成员和外部资源的分享，还要兼任主持人和推广员的角色。在活动确定后，在群内发布海报，做信息的传播。活动开始前，作为主持人介绍主讲嘉宾，引导嘉宾出场，在活动进行中，维护群规和纪律，和群成员交流互动，活跃气氛，及时反馈和回答群成员的问题。

信息官：每次做完分享和沙龙之后，需要把这些分享的内容留存下来，后续可以反复使用，而不能说做完之后就没了，信息官负责及时整理分享笔记。信息官还有另一个重要的工作就是社群信息和数据的整理。

从目前国内的社群运营来看，数据运营是非常大的一个短板，很多人说我的社群规模很大，有几百万人，但是你具体问他到底是多少万人，是两百万还是三百万，男性多少女性多少，年龄分布、城市分布、收入水平等如何，他自己都不清楚，因为他没有进行完备的用户数据整理和管理，更谈不上及时更新了。

我们做社群的时候要有这根弦，要把用户抓在手里面，实际上就是要做好数据，作为信息官，要知道怎样去收集用户的信息，怎样去汇总用户信息，怎样为用户打标签，比如他是活跃用户还是不活跃用户，他的诉求和需求点是什么。你打的标签越完善越准确，就越能够收集到用户的真实诉求与需求，越有利于后续的资源对接和转化。

以上我们讲的是三种角色，不一定必须是三个人，在运维前期角色可以兼顾。

社群的顶层架构和组织架构是目前大部分社群所缺失的。对于企业来讲，如果确定要社群化转型，必须重视架构设计，前期要做好资源的准备和必要的人员配置，否则后期无法支撑。

根据经验数据，三人运维团队（运营官+内容官+信息官）可以负责10～20个群的运营。如果根据你的社群布局，你的企业准备运营100个群，那么就需要5～10个运维团队，且需要提前准备好人手。

你可能会说，我们公司没有那么多人力预算，怎么办呢？有以下两个解决办法。

1. 员工兼职，全民皆兵

除了少数专职运营人员外，可以依靠其他员工兼职。社群运营是全公司的事，并非某个部门的事。如果所有员工都能直接和用户接触，对于企业更多地了解用户需求、做好市场营销、社会化转型，会非常有帮助。

2. 借助外援，合纵联盟

社群理想的状态是多中心、多节点、自组织、自运营，不应该仅仅靠公司员工的中心化运营，更多要靠社群成员。除了公司员工外，可以借助群成员的力量，共同运营社群。当然，要挑选合适的人，同时给他们精神或物质上的奖励，提高他们的积极性。

华联天通苑购物中心的运营团队是这样构成的：

- 10位兼职员工组成社群运营团队；
- 群主来自市场部，运营的人来自所有部门；
- 群主负责答复群成员的问题，发布社群活动；
- 每个群有5位员工穿插协助，人员有分工，包括信息发布、答疑、活动组织、材料准备等；
- 筛选群内积极分子加入HO团队（Happy Organizer），自组织发起活动，协助社群运营。

关于社群构建九剑，有以下三点说明：

1. 九剑之间并没有严格的顺序关系

九剑之间不必先明确用户剑，才能考虑痛点剑，必须确定了痛点剑，才能考虑资源剑。社群情况有所不同，考虑问题和行为模式也不同，千万不要僵化。

2. 并非九剑都确定后才可以开始构建社群

九剑是构建一个社群需要考虑的九个重要因素。原则上讲，考虑得越充分，构建的社群越稳健，生命周期越持久。但并非所有的九个因素都考虑清楚明确后，才能启动社群的构建。很多时候无法做到一清二楚，没关系，若主要的五剑、六剑考虑清楚了，就开始运营，在运营过程中，和更多的人沟通交流，不断碰撞，不断加深思考，其他几剑也就越来越清晰了。

> 构建社群前必须要考虑清楚的四件事：
> 聚什么人，扛什么旗，干什么事，谁来干。

比如，在《水浒传》中，聚的是英雄好汉，扛的是替天行道，干的是劫富济贫，宋江坐镇，吴用出谋划策，林冲等五虎上将冲锋陷阵。

3. 牢记：小步快跑、快速迭代

介绍完九剑后，肯定有人会觉得这太复杂了，做一个社群要考虑这么多因素，会不会导致效率下降，甚至寸步难行。

这个时代变化非常之快，谁也说不清楚明天会发生什么。我们做任何事情要记住一句话，就是**在一定规则下的不确定性**，不要指望什么都是确定的，一定是某种程度下的失控状态。如上面所说，不必要等到九剑全部明确后再启动社群，团队的组建也是如此，千万不要等到所有人都到位后才做事。你可以先做起来，然后在做的过程中根据实际需要增加或者更换人手，不断地进行迭代就好了。

无论是社群构建还是社群运营，都是一个不断动态迭代的过程，牢记这句话：**小步快跑、快速迭代，在奔跑中调整姿势**。

5.2 社群运营三板斧

社群构建相当于生孩子，社群运营相当于养孩子。目前社群最大的问题就是只管生不管养，导致社群的大面积夭折。

> 社群运营的原则，总结起来是三点：利他、价值、参与感。
> 社群运营的维度，总结起来是三个版块：内容运营、活动运营、用户运营。
> 社群运营的目的，就是把用户失联变为用户直联。

5.2.1 内容运营

5.2.1.1 内容运营的基本概念

什么是内容？社群的内容信息丰富，如发红包、线上分享、线下活动、课程、项目路演、直播、打卡等。对于社群来讲，内容的价值毋庸置疑，群成员加入一个社群，一定是希望获得想要的价值，比如获得资源、学到知识、增加人脉、更加赚钱，绝大多数社群之所以无法持续运营，根本原因就是无法持续输出有价值的内容。对于大多数社群来讲，缺乏有价值的内容，是一个非常大的痛点，创始人把群建立起来之后，不知道如何持续地提供内容，群成员也就逐渐离开了，所以很多群会快速变成死群。

内容的作用体现在三个方面：1）吸引流量。2）沉淀用户。3）促进转化。

做得好的社群，在内容运营方面一定很优秀。大家想想罗辑思维和吴晓波频道这样的社群，罗辑思维是靠什么吸引了众多的用户粉丝包括会员呢？它通过每天早上发60秒的语音为你把一本书讲出来，这样的话，你就可以在很短时间内了解一本书的内容，我觉得这个挺有意思，所以就开始关注罗辑思维。我相信很多小伙伴可能和我一样，都是通过这种方式了解和关注了它。这就是内容的第一个作用，用内容来吸引流量。内容的第二个作用，当你吸引了无数的流量之后，里面有些人可能对你的内容非常认可，会沉淀下来，变成长期用户甚至终生用户，但是也有一些人对这个内容并不是太喜欢，并不符合他的自身情况，慢慢地就会流失掉，流失是非常正常的。当然，也有很多小伙伴会一直坚持听，一直持续地听，最后成为它的会员，成为它的铁粉，成为它的长期用户。这样内容就实现了用户沉淀和促进转化的功能。

内容分为三种类型：UGC；PGC；OGC。

- UGC（User-generated Content）：用户生产内容
- 生产者：普通用户
- 负责广度，主要贡献流量和参与度

比如有很多论坛，你在里面注册一个用户，你是普通级别，发表自己的观点，这些就属于普通用户所产生的 UGC 内容。

- PGC（Professionally-generated Content）：专业生产内容
- 生产者：KOL、专家、大V、意见领袖
- 负责深度，主要树立品牌，创造价值

PGC 的生产者包括专家、大V、意见领袖等，这些人属于某一个行业的专家，对这个行业有很多深刻独到的见解，他们输出的内容就被称为专业生产内容。比如运营一个母婴方面的社群，你需要有一些育儿的专家在社群里面输出他们的观点，通过文章、线上分享、线下沙龙等形式进行分享，这些就属于 PGC 内容。对于社群来讲，不断有专业的 PGC 内容输出，可以让这个社群变得非常有价值，非常有深度，PGC 主要帮助社群树立品牌、创造价值。

- OGC（Occupationally-generated Content）：职业生产内容
- 生产者：OGC 属于 PGC 的一种，以职业为前提，比如媒体平台的记者或者编辑

比如百度、新浪、搜狐、网易这些门户网站，里面的很多内容都

是专业人士提供的。他们把稿子写好，然后发布上去，这是以职业为前提生产内容的一种形式，称其为职业生产内容 OGC。我们可以看到，UGC 和 PGC 的区别在于生产内容的来源不同，一个是普通用户，一个是专业人士。

对于社群来讲，内容应该是 UGC 还是 PGC 呢？

第一，PGC 和 UGC 并行。

也就是说你社群里面的内容有一部分应该是专业生产内容，同时还要有用户生产内容。比如在亲子社群中，要有亲子育儿专家输出一些专业内容，也要有年轻的妈妈们包括准妈妈们在里面探讨和交流，所以 PGC 和 UGC 要并行。

第二，不同的阶段侧重点不同。

社群建立的初期，建议以 PGC 为主，UGC 为辅。一个社群刚开始建立起来，指望用户在里面贡献大量的有价值的内容并不现实，而且作为创建者，你需要为这个社群来定调，塑造社群氛围，引导群成员与舆论方向，建立社群文化。所以这时候一定要以专业生产内容为主。如果你自己是某方面的专家就自己输出，如果不是的话，可以邀约一些专家，请他们定期输出一些内容。

但是，如果仅仅靠专业生产内容，一方面你的成本会很高，另一方面也很难持续，为什么很多社群做着做着就做不下去了，为什么很多创始人做得很累？就是因为他纯粹靠 PGC，靠自己或者几个人在撑着，绞尽脑汁地输出内容，资源和灵感总会枯竭，所以一定是前期以 PGC 为主。随着社群的发展，PGC 比重应该逐渐降低，UGC 比重逐渐上升，后期以 UGC 为主。更多社群成员开始发出自己的声音，输出自己的内容，社群也从中心化运作逐渐进化到多中心化运作。

这里面有个问题，作为群主一定会遇到。比如我作为社群的群主，我也希望有更多的用户能够输出内容，但是别人为什么要在社群里输出内容呢？对别人有什么价值呢？

实际上很多社群不是不想做 UGC，而是做不到，大部分用户在里面都是沉默的羔羊，没有人说话，没有人愿意贡献内容和价值，所以在 PGC 不再能输出的时候，UGC 无以为继，社群就会变成僵尸群变成死群，怎么解决这个问题呢？实际上就是两个字：规则。用规则来促进用户创造有价值的内容。作为社群的创始人和运营官，你有一个非常重要的任务，你要不断观察，找到社群里面的积极分子，有时间、有热情、有干货，愿意奉献的人，把他们给筛选出来，吸纳进专门的团队，然后给他们分配任务，让其输出一些有价值的内容，同时获得一定的回报，如荣誉或物质方面的。

5.2.1.2 做什么样的内容最有效？

1. 从用户的需求、兴趣和习惯出发提供内容

先来看小白兔钓鱼的故事。第一天，小白兔去河边钓鱼，什么也没钓到，回家了。第二天，小白兔又去河边钓鱼，还是什么也没有钓到，回家了。第三天，小白兔刚到河边，一条大鱼从河里跳出来，冲着小白兔大叫：你要是再敢用胡萝卜当鱼饵，我就扁死你！

社群做什么内容不是你自己说了算的，而是用户说了算，要符合用户的口味而不是你自己的口味。做社群一定要从产品思维切换到用户思维，这是两种完全不同的思维路径。产品思维是以我为主，以个人为中心，用户思维是以用户为主，以对方为中心。做内容运营时，需要考虑社群里的小伙伴，他们对哪些内容感兴趣，我们就输出他们感兴趣的内容。比如，你做一个亲子相关的社群，在里面你应该输出什么内容呢？肯定是亲子、育儿、家庭相关的，而不是徒步、舞蹈这些内容。否则可能就会像小白兔钓鱼一样，无功而返。

2. 有价值的干货内容

一些教育型的社群经常被人们作为典型在各种场合提起，比如罗辑思维、吴晓波频道、樊登读书会、黑马会等，为什么这些社群会做得好呢？就是因为它们为群成员提供了有价值的内容。以教育作为入口，大家就会很自然地形成一种同学的关系。教育是产品的最好载体，直接做产品销售是非常困难的，但是通过教育这种方式把大家聚集到一起，后面再去做升级的产品，会容易很多。

> 教育是产品的最佳载体。
> 做社群的最佳入口，就是从知识分享和教育产品来入手。

3. 好玩有趣的内容

生活太匆忙，社群需要好玩有趣，才能吸引大家的眼球。随着微信群的增加，浏览群内信息似乎已经成为一种负担。有人曾经说，除了发红包，群里已经没有什么值得关注的内容了。

所以，社群内容必须好玩有趣，游戏化设计，参与感强。常用的有打卡、红包、抽奖、投票、笑话、成语接龙等。

通常的红包，除了金额大小外，已经没有什么新鲜感了。"包你拼"小程序上线于2017年，它创新了红包的玩法，用户在发红包时可以设置拼字或拼图，供好友来玩，正确后才能领取红包，一下子就风靡了社群和朋友圈。随后又推出了"包你答""开口红""包你K歌"等多个红包小程序，用答题、口令、K歌等方式丰富红包的玩法。"包你K歌"的玩法很新颖，用户可以选取热门歌曲中的片段作为开启红包的口令，转发到社群中，或以图片的方式分享到朋友圈中，好友演唱正确后才能领取红包。

打卡也是常用的社群玩法。通过"小打卡"这样的小程序，可以创建或参与打卡活动。比如每天一句口语、每天一首唐诗、每天早起、每天一张照片等，加上几元至几十元不等的金钱刺激和激励，也可以让社群成员玩得不亦乐乎。

5.2.1.3 制定内容运营计划

凡事预则立，不预则废，社群内容运营也是如此。运维团队一起制定计划，做好分工合作，用表格记录下来，并按照计划实施，保证内容的持续输出并不断更新升级。

制定内容运营计划需要明确以下几个重点：

输出什么内容：比如文章、红包游戏、短视频、在线分享、打卡等。

通过什么渠道输出：要善用多种渠道，扩大影响范围。比如发布文章，除了公众号外，还要通过微信群、朋友圈扩散。此外，还可以借助各种新媒体平台，比如微博、简书、知乎、百度百家、头条号、企鹅号、一点号、网易号、大鱼号、凤凰号等。如果是音频内容，可以通过喜马拉雅、知乎 live 来发布；短视频可以通过抖音、快手等平台发布。

谁来负责：内容运营计划中要明确责任人，通常是由内容官负责，运营官和信息官协助。

发布的时间和频率：不同内容的发布时间和频率一般是不同的。比如公众号文章，很多都是每周发布一次，每周五下午发布。

内容	频率	形式	时间	扩散渠道	责任人
公众号文章	每周一次	文字（含视频、音频、动画）	周五下午17:00左右	朋友圈、微信群、微博、头条号、百度百家、一点号、凤凰号	李××
起床打卡	每天一次	微信群+小程序	每天早上6:00~8:00	朋友圈、微信群	王××

5.2.2 活动运营

5.2.2.1 社群活动的重要性

社群运营的核心是建立信任和情感，信任是成交的基础，无信任不成交。如何建立信任呢？大家想想，你最信任的人是谁？是如何建立起信任的？毫无疑问，是自己的父母和亲人。因为你和他们生活在一起，他们对你无限地关心和呵护，他们在每一件事上竭尽全力地帮助你，不求回报。除了父母亲人外，你是否还会信任自己的一些朋友、同事？为什么呢？在和他们的接触和互动中，他们一定是给了你不同的感受。有的朋友、同事非常靠谱，任何事情都能说到做到，有的则不然。这样一来二去，信任谁，不信任谁，自然就很明朗了。

总结下，**信任来自于多次满意的互动**。社群活动可以促使社群的小伙伴之间进行紧密的互动和深度的链接，从而快速建立起信任与情感。

所以说，活动是社群的命脉，一个社群，它是不是已经成了僵尸群或死群，是不是还在存活，活得很好，就看它有没有在持续地做活动。社群活动的频率和质量决定了社群到底能走多远。

> 信任来自于多次满意的互动。
> 社群活动是建立信任的最有效手段,是社群的命脉。

5.2.2.2 做什么样的活动最有效?

社群活动的目的是加强群成员之间的链接,建立信任和情感。因此要以这个目标能否实现来做活动。

中国人际关系中有"四大铁",其中两个是一起同过窗,一起扛过枪。前面提到过罗辑思维、吴晓波频道、樊登读书会、黑马会等社群,他们都是以教育作为入口,很自然地在群成员之间形成了一种同学的关系,学习教育类活动是社群的基石,是做社群时第一个要设计的活动。具体的形式可以有很多种,比如读书会、线上主题分享、线下讲座、参观博物馆、影音分享会等。

在人际交往中有个准则:环境越私密,关系越亲密。也就是说,当两个人在私密的环境中有了共同经历后,对于关系的促进、信任的建立、感情的升温是大有裨益的。所以在社群活动设计中,第二个要做的就是具有一定私密性和冒险性的活动,比如一起去探险、去徒步、一起团建、野外生存挑战、沙漠探险、高山探险、CS等。

2017年4月,在行者商学的组织下,我们一行50多人去了云南腾冲,做了一场茶马古道徒步活动。三天的徒步,每天10多公里上山下山,徒步过程中,大家白天一起走,晚上在条件恶劣的房子里一起睡。记得第三天从早上开始就一直下雨,每个人穿着雨衣,拄着登山杖,小心翼翼地前行。路上很滑,大家三五成群,手拉手地走,但还是避免不了经常滑倒和摔跤。有人摔倒了,其他人马上搀扶起来,有人掉队了，其他人停下脚步等待和加油鼓励。有个小伙伴腿受伤了，几个人轮流背着他到了终点。徒步过程中发生了很多事情，经历了不少的坎坷，但大家之间的感情于无形中急剧升温，回来之后最大的感受就是大家的关系一下子密切了很多，有种战友的感觉。

近几年来，组织企业家一起走戈壁成为了一个热门的活动，包括穿越原始森林、走沙漠这样的活动，其实这就是一个非常好的社群活动。为什么要参加这样的活动呢？难道是花钱买罪受吗？其实不然，深度链接，信任和情感的建立，都是人生宝贵的财富和积累。

> 学习教育类活动是社群的基石，是做社群时第一个要设计的活动。
> 具有一定私密性和冒险性的活动是社群的催化剂。

5.2.2.3 社群活动三原则

第一，线上和线下结合。

从活动形式上，社群活动包括线上和线下，比如线上的主题分享、红包游戏等，线下的聚会、交流、喝酒、唱歌、徒步等。有一句话叫：线上聊千遍，不如线下见一面。线上活动比较容易操作，适合做广度、高频率，线下活动比较费时费力，适合做深度。线上和线下都必不可少。

第二，定时和随机结合。

社群的活动分成两类，一类是定时的活动，一类是随机的活动。定时的活动指的是在固定的时间举办的活动，比如每周一晚上9点钟做主题分享，这周做，下周还要做，每周到这个时间就去做这个事情，这就是定时。随机的活动是指除了定时的活动之外，还会在一些热门事件发生时，将热门事件与活动结合起来，对于社群的活跃度会非常有帮助。随机活动不是事先规划好的，而是根据热点临时设计的。比如"三八女神节"举办女生插花会、"双11"举办脱单会等。

第三，必须打造品牌活动。

对于社群的活动来讲，频次非常关键，很多社群创建初期大家很积极，几百人可以迅速聚集到一起，做线上活动和线下分享，但是做了几期之后就无法持续了，半途而废，这样的社群肯定也是无法持久的。

社群活动一定要做到长期化、系列化、主题化、品牌化，每个社群都要打造自己的品牌活动，并且长期持续落地。每个社群都要有自己的品牌，品牌活动也是社群品牌的一部分，品牌活动对社群本身的品牌会有非常好的助力作用。

请问，如果让你脱口说出三个给你印象最深的电视台，你的答案是什么？我在不同场合问过这个问题，基本上大家的答案都是浙江卫视、湖南卫视、江苏卫视，为什么呢？因为《中国好声音》让观众记住了浙江卫视，《快乐大本营》《我是歌手》让观众记住了湖南卫视，《非诚勿扰》让观众记住了江苏卫视，这就是品牌活动的价值体现。

比如，罗辑思维此前有个"霸王餐"活动，在全国各地举办了多场，引起了不小的轰动。罗辑思维的小伙伴们找到了一个饭店，对老板说，我们有一群人想在这里吃饭，但是我们不付费行不行。通常情况下老板肯定说不行，会觉得这是一帮疯子来占便宜的吧。但是罗辑思维的小伙伴会告诉老板说，我们在全国有几百万名会员，如果我们在你的饭店用餐，味道和服务都不错，我们会通过一些渠道帮你做宣传推广，会给你带来很多流量，你愿不愿意？这时候很多老板就会愿意了。

"霸王餐"有操作流程，有角色分工。"霸王餐"中的角色有四种：霸王、霸主、餐厅负责人和商家。霸王就是吃"霸王餐"的人；霸主就是请客的人，罗辑思维联络员，负责为会员谋取福利，找商家赞助，为餐厅方和商家卖广告；餐厅负责人就是餐厅的老板，准备"霸王餐"套餐，配合"霸王餐"活动，还可以自行拉赞助；商家就是为"霸王餐"提供赞助的人。

1898咖啡馆是国内首家校友创业主题咖啡馆，在北京大学东门对面。该咖啡馆由北京大学200位校友企业家、创业者依托北京大学校友创业联合会创建，以"1898"命名，用以纪念北大的诞生。这200位校友企业家组成了一个社群，那么它的品牌活动是什么呢？第一个叫作"股东值班日"，每个股东每一年有一天的股东值班日，在那一天，股东就到店里面去当服务员，去体验为顾客服务的工作，同时和顾客沟通交流，获得顾客的第一手信息，促进咖啡馆的改进。第二个叫"天使午餐会"，这是一个天使投资人和创业者之间的对接交流会。

白石桥路7号是北京理工大学曾经的校园地址。2015年3月，为建立一个校友交流的实体平台，传承"校友帮，帮校友"的理工情怀，一百多位已毕业校友决定以校友众筹模式建设一个咖啡馆，取名为白石桥七号咖啡馆。同样，组成了一个校友社群。每周四的晚上有一个"聚能晚餐"的活动，并不是聚集大家一块来吃饭，而是一个主题分享活动，每次会邀请一个行业里面的专业人士、大咖、专家去做分享。另外，每周日下午有一个插花活动，这些都是它的品牌活动。

我们做的超级群主的社群，有个品牌活动叫"每日一秀"，目的是增进彼此了解，促进资源链接。群内小伙伴报名参加，每天1~3人，每人30分钟，介绍你的经历、你的产品、你的服务、你的资源甚至你的才艺。充分秀出自己，为资源对接打下基础。

"每日一秀"流程：

1）主持人开场。

2）分享人登场分享。

3）主持人收尾。

分享流程：

每天3人，按照以下流程（每人30分钟左右，主持人控制时间）：

1）晒照片。发出能展现自己风采的美图1～3张。

2）介绍。按照以下模板介绍自己，用语音+文字方式。

- 姓名
- 行业
- 所在城市
- 个人简介
- 项目或产品简介
- 最擅长做的事情是什么
- 需求是什么
- 可提供什么

3）链接。根据介绍人情况，大家互相链接，对接资源，提供支持和帮助。

每次"每日一秀"开始前，都会有红包接龙，营造气氛。"每日一秀"结束后，大家根据各自的情况做线上和线下的对接，期间已有不少小伙伴在互动中产生了业务的合作。看起来很简单的一个活动，已经成为超级群主社群的热门事件。

> 每个社群都必须打造自己的品牌活动，并做到长期化、系列化。
>
> 没有品牌活动的社群，很难打造出自己的社群品牌。

如何打造品牌活动呢？

1．取个好名字

名字的重要性毋庸置疑。好名字就是活动的标签，一个好的名字，需要符合两个条件：有用、有毒。有用指的是可以自解释，别人一看就懂。比如，天眼查、小罐茶、去哪儿等；有毒指的是有传播性，别人看到就有主动传播的欲望，比如，西少爷肉夹馍、周黑鸭等。

2．做个好内容

好内容的标准是好玩有趣场景化。好玩有趣的活动别人才愿意参加，场景化的活动才能深入生活并产生消费。

印象城定位于时尚、潮流的中高端家庭型区域型购物中心，在苏州、杭州、常熟、宁波和佛山等地均已开业。

2016年11月，杭州印象城举办了一个活动，石头剪刀布大战。购物中心的50家合作商户的老板报名参加，并提供相应的奖品。顾客可以选择其中4位老板进行挑战，和每位老板进行石头剪刀布比赛，三局两胜，只要胜了一位老板，就可以获得相应的奖品，如果胜了4位

老板,还可以获得大奖。奖品包括手机、红酒、比萨、香水等,有实物、有优惠券、有代金券。活动名字有用有毒,活动内容好玩有趣场景化,深受顾客的欢迎,活动当天吸引了大量的人流,热闹非凡。

> 社群活动运营四个一:每日一秀,每周一学,每月一玩,每年一会。

建议设计四个层次的活动,分阶段、分步骤开展。具体每个活动的名称、频率、时间、内容,根据社群本身的情况确定即可。每个活动要有一个品牌,学会给自己贴标签。每一个活动主题都要系列化,也就是说一个月最起码安排四期,固定每周一次。只要一个社群能长期持续地开展四个系列活动,并且不断更新迭代活动内容,这个社群一定会运营得很好。

(1)**每日一秀**:促进初级认知和链接(每天社群成员进行自我介绍、资源对接)。

(2)**每周一学**:促进中级认知和链接(知识分享、沙龙、读书会、红酒品鉴、产品体验等)。

(3)**每月一玩**:促进深度认知和链接(团建、徒步、自驾游、攀岩、穿越等）。

（4）**每年一会**：年底大聚会（总结复盘、颁奖、狂欢）。

5.2.2.4 如何做社群活动？

1. 社群活动四要素

社群活动有四个要素：第一个是发起人，谁来发起这个活动。第二个是活动的内容，是做沙龙还是路演，做沙龙谁来分享？做路演，介绍哪些项目，邀请哪些投资人参加？第三个是流量，哪些人来参加这个活动？需要多少人参加？如何吸引到这些人？是收费还是免费？第四个是活动的场地，在哪里举办活动？要考虑场地大小、配套设施。

2. 活动组织四环节

活动组织包括四个环节：策划、预告、执行、回顾。

大家都参加过很多线上或者线下的活动，对于参与者来讲，你觉得可能比较简单，到时候去听去看就可以了。实际上要想真正做好一个活动，不是那么简单的，背后要有很多的付出和努力。

第一步，要做好活动的策划，活动于什么时间进行？活动有没有预算，需要花多少钱？第二步要进行活动的预告，通过互动吧或者其他平台来发布扩散活动的信息，吸引更多的人来参加。第三步，要去执行活动。这同样要考虑很多事情，比如邀请哪些嘉宾？他们分享什么样的主题？谁当主持人？在活动期间是不是要做一些互动交流？要不要做转化成交的环节？每一步都要设计好。第四步，要回顾活动。一个活动做完后，理想的状态就是当天做完当天就要有一个回顾的文案出来，它一定是一个图文并茂且包含视频的文案，然后通过各种途径去扩散和传播，这样就会形成活动的再次传播，为下次活动提前预热。这次没有参加的人看到活动文案后，会觉得这个活动做得真好，下次我也要来参加。

在执行环节有一个细节非常重要，一定要在现场进行拍照，拍出一些专业的清晰的照片，它的重要性在于做完活动之后的回顾。要想做好回顾，照片就非常关键。很多小伙伴在微信群或者朋友圈里发一些活动的照片，简直惨不忍睹。实际上拍照是有很多技巧的，不需要你太专业，但是你拍出来的照片至少让大家看上去觉得很舒服，有一句话说得好，活动不拍照，等于瞎胡闹。

拍照的技巧就是把人拍得好看，让参与活动的人在照片里面都能找到自己，因为人最关注的都是自己，他在照片里面找到自己，而且照片效果很好，他一定会积极地帮你传播。作为社群运营人员，如果你自己确实不懂得如何拍照，你最好学习一下，并用专业相机去拍照。

3. 制定社群活动计划

社群运维团队需要制定社群的月度活动计划，并按照计划有条不紊地执行落地。很多人做社群，你会发现他的运营就是拍脑袋，今天高兴我就做一个活动，不高兴就不做，人多就做，人不多就取消，完全没有规律。如此一来，你做的事情是形不成积累效应的。我们做很多事情，不在于一时的得失，关键看是否有积累，是否可持续，这样才能从量变到质变，否则的话就是浪费时间和精力。

可以用Excel表格形式，把活动计划列出来，如表所示。

活动名称	频率	形式	时间	场地	分享嘉宾	宣传渠道	责任人
领袖下午茶	每周一次	线下沙龙	周六下午 14:00～16:00	小菊咖啡创业园东联教育	张×× 王×× 尹××	公众号、朋友圈、微信群、微博、互动吧、一点号、百家号	李××

（续）

活动名称	频率	形式	时间	场地	分享嘉宾	宣传渠道	责任人
三三读书会	每周一次	线下沙龙	周五晚上 19:00~21:00	云商学院创业谷东联教育	胡×× 徐×× 卢××	公众号、朋友圈、微信群、微博、互动吧、一点号、百家号	王××

华联购物中心非常重视用户社群的运营，和入驻商户一起，发起和策划了很多好玩有趣的社群活动。本月制定下个月的月度活动计划，基本上每天都有不同的活动，每个周末还有几百人的舞蹈、亲子等大型活动。比如，和西贝莜面合作，举办西贝小厨师的活动，邀请家长带着孩子参观西贝并学习一些食物的做法；和东方饺子王合作，举办包饺子活动；在三八女神节到来之际，邀请社群里的女士们参加女神节插花活动；春分当天举办春分做风筝活动。通过这些活动，极大的增进了周边居民、顾客对华联购物中心的认可度和信任度，对于客流量和销售额的增加都起到了非常积极的促进作用。

5.2.3 用户运营

5.2.3.1 用户运营的现状

记得在2016年,有个规模很大的企业找到我,想谈下社群营销的合作,最后没有谈成,原因是我没法给出预测的结果。因为我自己对于我们覆盖的社群的具体人数、人员情况、活跃度、转化率完全没有数据,只有模糊的概念。直到今天,用户运营缺失仍然是社群运营最大的痛点。

为什么会这样呢?就是因为缺乏用户运营,缺乏用户的数据收集和管理,完全没有大数据,这就是现在很多社群面临的困境,同样也阻碍了企业和社群的合作。很多传统企业是希望开辟新的营销通道的,希望通过社群连接自己的用户,但是当企业找到社群,商谈合作,询问通过对方的社群能覆盖多少用户,转化率多少,群主就哑口无言了,因为他都说不清楚,不知道能带来多少曝光率和渠道转化的价值。

> 没有运营,就没有数据,没有数据,就无法精细化管理,无法预测结果,也就无法充分发挥社群的价值。
>
> 要想让自己的社群有价值,必须做好用户运营。

5.2.3.2 用户运营的步骤

1. 分析用户特征

在社群构建九剑中,第一剑叫用户剑,是从文化属性、生活属性、行为属性等维度给用户画像。在用户运营中,同样要做用户画像,对用户特征进行分析。用户剑是在构建社群之前，对将要引入社群的人做的画像；用户运营的用户分析是在构建社群之后，对已经加入社群的人做的画像，两者类似但有不同。

2．把用户放到合适的容器

微信是一个很好的社交工具，是社群的一个载体和容器，但并非唯一。在用户运营中，需要用到以下三类阵地。

（1）信息阵地。

用于和用户之间进行信息的传递。典型的有微信公众号、微博、头条号、抖音等。

（2）沟通阵地。

用于和用户之间进行沟通交流，最常用的无疑就是微信了，此外，还有 qq 群、企业微信、App 以及一些专业的社群工具，如知识星球、小鹅通等。

（3）交易阵地。

用于下单付款成交的阵地，常用的有小程序、淘宝、微店等。

至于你的企业，社群的用户应该放到哪类阵地，要根据用户的特征和行为习惯来确定。当然，三类阵地也可能由一个工具同时承担，比如有的企业开发的 App，可以同时实现信息传递、沟通交流和下单交易的功能。

3．做好用户运营

第一是收集数据。收集用户的有效数据，比如一年做了多少活动，每次活动有多少人参加，每个用户参与社群活动的次数，发起社群活动的次数，贡献的内容次数和质量，活动的转化率是多少。

第二是分析数据。提取出单位时间的数据，比如 7 天或 30 天的数据，统计分析，找出其中的规律。找到社群用户里面到底哪些小伙伴是活跃的，哪些是不活跃的；其中哪些人会产生消费，哪些人从来没有产生消费；他们的消费行为是什么规律，他们的消费周期是多长时间。

第三是分层运营。这些数据分析出来之后，就可以对用户进行分层了。一般来讲，一个社群中的用户，20%是活跃用户、积极分子，20%是僵尸用户、无价值用户，其余60%是中间用户。

对不同类型的用户，不能一视同仁，要分层运营。

20%的活跃用户是社群最宝贵的资产，要和他们保持紧密的联系和接触，听取他们的声音，根据他们的需求和反馈调整社群运营的方案，充分照顾他们，甚至想办法把他们纳入社群运维团队中来，共创内容，共同运营好社群。

60%的中间用户是可以争取的对象。通过规则制定，吸引他们逐渐参与到社群运营和社群活动中，给予荣誉和利益上的激励，促使他们一步步进化到活跃用户。

对20%的僵尸用户，可采用一招：踢人。

很多人做社群就是图快，图规模大，希望快速建立一个百万规模的社群，不设门槛，不管是什么人都可以加入。这样的零门槛社群，基本就是乌合之众，后面一定会出问题，而且战斗力很弱。

社群一定要有门槛，一定要优胜劣汰。对于不合适的僵尸成员，要踢出去，吸纳更优质的人进来。要善于踢人，把不对的人踢了，剩下就都是对的人。把负能量的人都踢了，剩下就都是正能量的人；把不愿付出的人都踢了，剩下就都是愿意付出的人，踢人这一点非常关键。但是很多社群的创始人，不会用这一招，为什么不用呢？因为总觉得好不容易有了这么多人进来，我怎么能把别人踢掉呢，岂不可惜了？

其实不用有这样的顾虑。这个人加入你的群之后，如果他根本不适合，不参与任何互动，不发表任何意见，不发红包，不参加线下的分享，甚至进群的第一个动作就是把群给屏蔽掉，这种情况实际上对双方都是一个折磨，都是在浪费时间，还不如好合好散。

当然，踢人要有规则，不能随便踢。要先把踢人的规则建立好，加入社群的时候，就要把群规告诉大家，社群中做什么动作是被支持和鼓励的，做什么动作是绝对不可以的，一旦做了便触犯了群规，就要被踢出去。

> 社群一定要有门槛，一定要进行优胜劣汰；
> 零门槛社群聚集的就是乌合之众。

5.2.4 社群运营的工具

做社群运营，特别是用户行为数据的抓取和沉淀，是需要工具支持的。微信群是大家比较常用的沟通交流工具，但是微信群的管理功能比较弱，在社群运营和管理上，稍显不足。下面推荐几款用于社群运营的工具。

1．WeTool

WeTool 是微小宝出品的一款专业的社群管理工具，具有消息群发、自动回复、批量加群好友、对好友 0 打扰的僵尸粉检测清理、群裂变邀请统计、群发言活跃度统计等功能，可以节省很多手工工作量，而且大部分功能是免费的。

第五章 社群新零售第二层：社群运营

客服	检测僵尸粉	自动回复机器人
为客服量身打造的消息收发平台，独创以人为单位消息浏览模式，汇总查看、排队爬楼、快捷回复应有尽有	不群发，不拉群，好友零打扰，精准检测僵尸粉，不重复检测省时高效，自动删除打造一体化流程	关键词回复机器人、云端AI机器人、辅助进行客服解答，活跃群内气氛，总有一款是你想要的

群统计	通讯录	挂机百宝箱
群裂变邀请统计、群发言活跃度统计、群拓展进群人数统计，支持数据导出，群内动态尽在掌握	打标签、好友批量备注、批量修改群名称、批量退群、批量保存至通讯录、批量免打扰，让繁琐变得如此简单	自动接受好友、新友应答、批量群邀请、欢迎进群新人、自动踢人、关键词拉群、自动进群

2．小U管家

小U管家是湖南善连者赢网络科技有限公司旗下的一款社群运营管理系统，能够进行实时的数据分析统计，协助企业客户将社群运营、管理效率提升数倍，让社群客户管理规范化、专业化、系统化。

主要功能有：

（1）互动功能。

①入群欢迎语：自定义新人入群欢迎语，支持文字、图片回复。

②关键词设置：设定关键词，群内触发自动回复，自动化群内知识内容输出。

③定时提醒：消息定时发送，合理安排工作、处理紧急事件，支持设置每天重复发送。

④群发消息：消息、通知多群同时修改、发送，并支持图文、公众号、小程序、文件等多种形式。

⑤群聊收录：群聊消息收藏，支持文字、图片、链接、公众号等。

⑥消息管理：产品知识库、话术知识库、营销知识库、素材库等，各群消息查看。

⑦群引流：发起单或多群引流任务，建立超300~400人大群，群成员数量增加。

⑧表单引流：入群表单筛选用户并收集客户线索，小助手自动邀请进群，用户精细化入群管理。

（2）管理功能。

①群分组：社群按标签分类，各功能支持选择相应群聊，实现多社群用户管理。

②群警告：后台设置敏感词及白名单用户，对广告骚扰者自动警告、提示，避免垃圾消息轰炸。

③群数据统计：入、退群数，多群重复人数、群成员拉人，掌握社群形势，描绘社群画像。

④社群明细：查看每个群的开通时间、群成员数量、发言时间、邀请人进群数量等，群内信息实时把控。

⑤素材管理：支持自建素材库，图片、语音、小程序、文件等格式的相关内容随用随取。

⑥发票管理：自助填写开票信息。

（3）设置功能。

①子账号管理：提供一体化的账号管理服务，并减少员工账号管理及使用。

②我的账户：自助购买、充值U币用于兑换小U管家企业版的使用权限。

③新群购买：当前账号可用U币、当前账号可开通的群额度。

④助手设置：查看每个助手已开群数、剩余可开群数、助手到期时间，以及自定义助手昵称、头像，打造个性化助手。

⑤批量开通：千群助手后台批量开通。

（4）U聊客服系统。

①多维度客服数据呈现：客服数据详细知晓，服务质量呈现；各客服的问题响应时间、接待客户数量；处理问题数量、每个问题的平均处理时间可查。

②员工工作状态监督：客服当前状态查看，上班、暂停、下班知晓，知晓各客服单次持续上班时长，为客户绩效考核提供依据。

③客户画像分析：自定义客户信息列头，客户来源、地址、性别、购买喜好、联系方式，分析出客户画像。

④客户咨询明细分类：客户咨询问题标签化管理、分类统计了然；问题咨询、处理时间、问题来源、问题出现场景；相关信息详细可追踪。

⑤支持多端登录：支持PC网页版、手机端小程序多端登录，消息同步，对接客户。

⑥多渠道消息接入：微信群、小程序、微信服务号，个人号私聊多渠道接入系统，统一对话窗口、统一客服管理界面，客户管理集中。

3. 小打卡

小打卡是个打卡小程序。小程序的开发者徐佳义称,最初开发小打卡,是想打造一款不同于市面上的公开打卡的产品。通过借助微信的好友关系,和朋友甚至是线下身边的小伙伴,相互陪伴和监督,一起参与分享生活,而不单单是线上的打卡记录。这样坚持做一件事,就不会太孤独,不是孤军奋战,或许能更好地坚持下去,培养好习惯。

在打卡方式上有着很多种的选择,可选文字、图片、录音、视频,满足了各种社群的打卡方式;打卡的互动和成果都是公开、透明、直接、可视的。对于每一个使用者来说,能够清楚看到自己的成果不断积累、生成合辑,让这种实实在在的反馈促成学习过程中的自我激励和反省。同时,打卡记录类似朋友圈,在上面可以看到所有同伴的打卡内容,每天都互相鼓励、观摩和学习。

通过小打卡,可以参与到自己感兴趣的打卡活动中,也可以发起打卡活动,召集朋友一起打卡,互相监督。

主要功能:

(1)打卡。

通过发表日记(图文、视频、录音)的形式,提高用户活跃度,赋予参与者一定的竞争感与使命感。

社群成员可以通过各种打卡活动,配合一定的奖励刺激,加强连接,如每天早起、每天一句口语、每天一首唐诗、每天一张照片、每日运动等,对于社群的活跃度和信任度的建立大有帮助。

(2)社交。

以管理员点评、用户点赞或评论的方式作为主要的交流手段,让参与者(管理员)之间产生连接,一起打卡,以朋友的心态一起成长,提高用户活跃度。

4．一起学堂

一起学堂是湖南有态度网络科技旗下的一款社群微课综合服务App，拥有多群转播、直播间、微课工具箱等多种功能栏目，以"工具+内容"为核心，学习型社群可以进行用户传播、管理、变现。

做线上分享时，由于微信群功能有限制，语音不能直接转发到其他群，当一个社群包含多个微信群时，就无法实现多群的语音同步了。这时候，一起学堂就能发挥作用了，比如我们在微信群里面做一个分享，它可以把你的语音文字图片自动同步转发到其他的多个微信群里面，实现多群联播。

主要功能有：

（1）多群转播。

多群转播是基于微信群的同步转播功能，多群语音转播以及图片、文字、链接、直拍小视频同步等。

（2）课程重播。

课程重播就是将微信群内的课程在其他群内进行重播，对课程的二次播放。重播方式分为录课重播与直播间课程重播两种形式。

录课重播就是在微信群内先将课程录制完毕，然后再保存到自己的直播间内，进行重播。

（3）内容同步。

一起学堂可以把微信群内的课程与直播间页面同步。简单说，在微信群内组织免费公开课，同时在直播间开通了这个课程，那么在微信群内的课程将会即时同步在直播间内。

（4）问答讨论。

在多群微课中，多个群进行提问，主群一起回答并把提问人的问题和答案直接发送到群内。

（5）签到管理。

签到管理是统计听课人数的利器，在直播开始前设置好签到语，小助手提醒群内成员签到，后台生成数据统计。

（6）批量通知。

批量通知是一款群发消息小工具，如当天没有课程直播，想提醒群员收听下次的直播课程，可以使用批量通知功能，将开课的信息推送到直播的群内。

5. 群大师

群大师是特别好用的群管理增强工具，向群内用户提供通讯录、公告、活动报名、收款等功能，帮助群主提高管理效率。

6. 包你拼/包你说/包你K歌

红包小程序。发红包的人设定一句话，或者一段歌曲，你要先说出这段话，或者唱出这段歌曲，才可以领取红包。

第五章 社群新零售第二层：社群运营

7．创客贴/美图秀秀

创客贴或美图秀秀是简单快捷的图片制作和编辑工具。

8．易企秀

我们看到的很多漂亮的 H5 都是通过易企秀制作出来的。它是一款针对移动互联网营销的手机网页 DIY 制作工具，用户可以编辑手机网页，分享到社交网络，通过报名表单收集潜在客户或其他反馈信息。

主要功能：

（1）一键生成 H5。

创作只需几秒钟，H5 简历、旅游自拍、拜年贺卡、生日祝福、宝宝照、旅游照统统一键生成，摇一摇还可以更换模板。还可以分享至微信朋友圈、微博、QQ 群和 QQ 空间等。

（2）海量模板素材。

请帖、贺卡、电子相册、邀请函、简历模板、企业招聘、公司宣传、产品介绍均可轻松套用。

（3）随时随地查数据。

动态图表展示 H5 场景的浏览次数，实时掌握客户提交的信息，金牌数据管家，助力市场营销。

9. 金数据/问卷星

免费的表单设计和数据收集工具，可用来设计表单，制作在线问卷调查，组织聚会，询问意见，整理团队数据资料，获得产品反馈等。

10. 知识星球

一个知识社群的 App 平台，是内容创作者连接铁杆粉丝、做出品质社群、实现知识变现的工具。它背后的原理就是一千粉丝理论，打造的是一个私密的分享圈子，主要用于粉丝管理和内容沉淀。

11. 小鹅通、荔枝微课、千聊、知乎 live

知识分享平台，每个人都可以通过这些平台开课分享，也可以听课学习。社群的线上课程和分享，可以通过这些平台操作。同时这些平台还具有分销裂变的功能，可以为课程生成海报，通过参与者的分享，吸引更多的人加入课程。

以上这些工具，有的适合做微信管理，有的适合做活动运营，有的适合做内容运营。企业的社群运维团队可根据自己的需要，选择适合的工具，可以极大地提高效率。

5.3 社群状态地图

人的一生会经历不同的阶段，如果每个阶段都拍下照片，到晚年回顾时，串联起来这些照片，会看到自己在不同阶段的不同状态，或童真可爱，或年轻气盛，或成熟稳重，或老年睿智。社群也是如此，一个社群从创建开始到运营到商业化，也要经历不同的阶段，每个阶段有不同的状态，把这些状态联结到一起，就组成了社群状态地图。社群的发展过程中，要经历以下四个状态。

第一个状态是中心化。

一个社群最开始刚启动的时候，它的状态是中心化的，以创始人为中心，其他人都和他发生链接。他可能是个强IP，承担核心的作用。

第二个状态是团队化。

一个人的力量毕竟是有限的，当社群的人数裂变到一定规模之后，靠一个人肯定是不行的，必须进行团队化的运作，需要招募更多的小伙伴进来组建运维团队，各自承担不同的职责，并制定社群规则，引导社群按照一定的规则来运作。

第三个状态是强链接。

社群成员根据运维团队制定的规则、设计的活动，开展各种的沟通交流和互动活动，包括线上的分享，线下的活动，聚会、喝酒、爬山、旅游等，在多次互动交流中，大家会逐步建立起更深厚的信任和情感，不再依赖创始人本身，这就是强链接。

第四个状态是多中心多节点。

这也是社群的最理想状态。当大家彼此熟悉和信任后，社群中会生长出来更多的强IP，即在某方面有特长的人，对这方面感兴趣的群成员会自发地围绕在他的周围，形成一个个的子社群。

中心化的状态下，是单核单中心，所有的群成员都围绕一个人来转，这个人就是这个社群的中心。多中心多节点的状态下，是多核多中心，大家不再是围绕一个人，而是从中涌现出了10个、50个、100个甚至更多的人，这些人都是核心，都是节点，每一个节点周围都聚集了一些群成员,节点和节点之间同样也链接在一起。

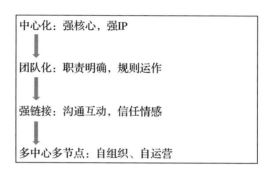

当处于中心化状态的时候,社群里面的活动可能就是社群创始人自己说了算,他说做什么活动,大家就一块儿去参加,但是如果有其他人想发起一个活动,可能就没有人响应,因为他没有势能,没有信任背书,也就没有号召力,这是中心化的状态。

处于团队化运作状态的时候,运维团队组织大家做各种活动,大家会参加,但是团队之外的人说话可能就不管用。

处于强链接状态的时候,大家会产生更多的信任和情感。

处于多中心多节点状态的时候,最突出的特征就是自组织、自运营。社群的活动不需要创始人来说话了,也不需要管理团队的人来发起了,社群里面的很多位小伙伴都可以发起和召集,只要有人发出声音,就会有人来配合他,然后一起参加活动。同时社群内容运营方面也发生了很大的变化。处于中心化状态的时候,群主要想方设法在群里面发一些有意义有价值的东西,光靠群主一个人,是很累很辛苦的。当变成多中心多节点之后,就不用再担心这个问题了,每个中心每个节点都会自动产生内容,自我管理社群,进入自组织、自运营的状态。这就是一个社群从最开始启动到最理想状态的一个演进的过程。

有很多关于社群的文章,就中心化和去中心化讨论得不亦乐乎。有人说做社群就是要去中心化,所谓的去中心化就是不要中心,大家自由玩耍。你觉得对吗？其实对于社群来讲，去中心化是不可能的，特别是在创建初期的时候，一定是中心化的，一定是从强核心强 IP 开始的，这样才可以把一个社群打造起来。然后到理想的状态之后，仍然不是去中心，而是多中心，从一个中心变成了多个中心多个节点。

> 社群状态地图分为四个阶段：中心化、团队化、强链接、多中心多节点。
> 社群最理想的状态是：多中心、多节点、自组织、自运营。
> 完全的去中心化是不现实的。

我们用几个图来对比一下。

下图应该对应社群的什么状态呢？很明显，应该是第一个状态：中心化。中间这个节点，代表的就是社群的创始人，其他人都和他链接，但是其他人之间没有互相发生关系和链接，这就是我们所有的社群最开始的一个状态。

下图中，一群人在开会，在讨论事情，显然这对应的是我们说的第二个状态：团队化。大家分工合作，各司其职。

经过团队的运作，线上线下的活动和交流，大家互相了解，互相信任，紧紧地链接到了一起，于是社群进入了第三个状态：强链接，如下图所示。

下图看起来有点混乱，有点失控，里面很多人都是中心，都是节点，每个中心周围有多位小伙聚集和围绕。当有新的中心出现时，这些小伙伴中的一部分可能又会围绕新的中心，人在其中都是流动的，都是自由链接自由组合的，出现了多个中心，多个节点，他们自己贡献内容，自己组织活动，自己管理运营，这就是社群的第四个状态，即理想状态。

5.4 社群营销公式

社群营销分为四个步骤：打造 IP、种子用户、分层裂变、持续转化，其中前三步同时也是"社群打造四部曲"中的步骤。

5.4.1 打造 IP

IP 早期的定义是网络协议（Internet Protocol），这里的 IP 指的是个性（Individual Personality）。

要做好社群营销，强 IP 至关重要。成交的基础是信任，强 IP 正是建立信任的核心要素。**在社群营销中，IP 有三类：品牌 IP、产品 IP、个人 IP**。

茅台、云南白药、东阿阿胶，这些都是品牌 IP。作为国际知名的日化公司，宝洁公司旗下的产品有很多，大家比较熟悉的有飘柔、海飞丝、碧浪、潘婷等。宝洁就是品牌 IP，飘柔、海飞丝等是产品 IP。宝洁的创始人是谁？你知道吗？估计和我一样，叫不上名字，他并没有个人 IP。

提到罗辑思维，大家第一时间想到的一定是罗振宇；提到吴晓波频道，大家想到的一定是吴晓波，这些都是个人 IP。还有很多大 V、网红、知名人士、专家、明星，他们都是强个人 IP。

从社群营销的角度来看，打造个人 IP 是最佳选择。无论是品牌 IP 还是产品 IP，都要人格化。所谓人格化，是指事物被赋予了一种拟人化的特质，是一种具有生动感、形象感、亲切感，并可以和人进行某种连接的特质。品牌一旦被赋予了人格，就将有机会直接影响用户的精神层面，包括价值观和人生态度。所以，企业要想在精神商业时代脱颖而出，获得优势，最重要的任务就是实现企业品牌的人格化。格力的董明珠频频出镜，自己担任广告主角，为格力代言，这就是在推动品牌人格化。

但是很遗憾，很多人不是强IP，谈不上是专家，没有什么知名度，怎么办呢？解决方案有两个：一是把自己打造成强IP，让自己变成某个行业的专家；二是借力。

首先，将自己打造成强IP。你可能会说这个是不是太难了，专家好像离我们很遥远，其实并不是。实际上以我们大多数人的努力程度来讲，你只需要比别人努力，就有可能能成为某个方面的专家。当然你需要制定一个清晰的目标，一个明确的计划，然后通过自身的努力来达成，可能需要半年、一年、甚至更长的时间，并且你要耐住寂寞，愿意付出，愿意奉献。所谓的专家并不是满头白发的长者，我认为你在某一个行业所了解的东西比80%的人都要多，就能称为专家。

其次是借力。你自己不是强IP，不是某方面的专家，没关系，任何一个细分领域一定有很多专家存在，但是并非所有的专家都是强IP，很多人有真才实学，但是并没有得到充分的认可，他本身的闪光点很多，但仍然默默无闻。你可以和他们去合作，挖掘出他们的亮点，通过曝光、宣传、塑造等方式，让这些人逐渐浮出水面，成为这个行业的知名人物，打造成强IP。你和他们互相配合，通过这个强IP启动社群营销就行了。

微信的用户已经超过了10亿，是中国排名第一的社交软件，在微信的流量中，朋友圈流量占80%左右，我们每个人，每天80%的碎片化时间都花在了朋友圈里面。数字营销实战专家祝福老师在IP营销方法论中，介绍了如何通过朋友圈打造个人IP，下面我们一起来谈一谈。

朋友圈打造个人 IP 的核心有以下两点：

（1）你是谁？你是做什么的？这就是你的标签，要突出出来。

（2）相信你所做的事情。将你做的具体事情传播出去，你所表达的内容要捍卫和证明你的标签。

所有的 IP 打造，不管传播的是什么内容，以什么样的频率去传播，都是基于以上两点。如果做不到这两点，不管多醒目的图片，多厉害的文案，也是无效的，甚至会起反作用。

朋友圈就是你的舞台，每次发朋友圈消息就是在做一次路演，你的所有朋友圈信息就构成了你的个人品牌。台下坐着 5000 位观众，你怎么让他们记住你并信任你？通过朋友圈打造 IP 的唯一目的，就是让人知道你是一个真实的可信的人。

通过朋友圈打造个人 IP 的流程如下：

1. 做好你个人微信的"装修"

你的头像、昵称、个性签名、地区等要真实，网络本来就是虚拟的，你再用个假名字、假头像、假地区，你想想谁能知道你是谁，谁敢相信你。设置好了以后就不要经常改了，改了人们就不认识你了。

昵称： 是你在社交网络中的个人品牌，建议用"实名 + 个人标签"，不要用假名，不要在前面加"A"，不要用稀奇古怪的符号、字母等。

头像： 是你在社交网络中呈现的第一印象，建议用个人真实照片，选择辨识度高、清晰自然、贴近职业的照片，使人看起来感觉真实可靠。不要弄什么花花草草、小猫小狗之类的。

个性签名： 用来展示自己的个性特点，最多 30 个字，忌空、忌硬广造。

地区： 很多人喜欢把自己所在的地区写成国外某个地方，可能觉得这样看起来很酷，但是从打造个人 IP 角度看，是起反作用的。实事求是最好，不然会给人不踏实的感觉。

2．给自己贴一个标签

打造 IP 的目的就是为自己贴标签，贴一个可供别人识别和记忆的标签。最好的方式是勇敢地去做这个领域的"第一代言人"，集中所有的火力打通一点，这一点就是你的核心竞争力，这一点就是你的标签。这个标签对于个人就是个人 IP，对于企业就是品牌 IP，对于产品就是产品 IP。

3．围绕你的标签持续输出内容

比如你是做亲子教育的，围绕妈妈们关心的话题：育儿、多动症、换牙、专注力等；比如你是做企业家培训的，围绕老板们关心的话题：管理、营销、产品、品牌、投资等；比如你是做化妆品的，围绕补水、护肤、美白、去皱等话题。

内容从哪里来呢？原创最好，如果不行，可以半原创。找到本行业的书籍、专业期刊等，找到有价值的内容，自己消化吸收后，改编成自己的语言发出去。每次发布朋友圈后，在内容下署名，让人们每看完一次内容便又记住了你一次，进一步加深对于你的标签的印象。

4．在正确的时间发布内容

朋友圈的最佳发布时间是早上 8:00～9:30、中午 11:30～13:00、下午 17:00～18:30、晚上 20:00～22:00 这四个时间段。另外，要结合自己受众的生活习惯来定，不同行业、不同类型的人，作息时间不一样，喜好的内容也是不一样的。

5．重复发布加深印象，拓宽覆盖面

传播的本质就是重复重复再重复。当我们梳理出来一个标签，又能围绕标签输出内容的时候，就要持续进行下去，要不断地重复重复再重复。

围绕这个标签持续去做内容，时间长了，你就会给朋友圈好友留下记忆，留下一个深刻印象，最强的那个印象就是你的个人标签。

尽管你的朋友圈有 5000 人，并不是你发一条朋友圈信息所有人都可以看到。所以需要一定的发布频率，一天分享的最佳数量是 5~10 条，再多就有刷屏的嫌疑。需要注意的是，内容上的重复并不是同样的内容多次重复发，那样会降低用户的体验感；应该是利用不同的内容，从各个角度突出你的标签。

> 通过朋友圈打造个人 IP 的唯一目的，
> 就是让人知道并相信你给自己贴的标签。

5.4.2 种子用户

在传播领域，有一个模型叫波状辐射模型，作为一个 IP 或 KOL（关键意见领袖），一定要有一个自己的核心圈，人数不用很多，但对于 IP 或 KOL 非常信任和忠实，属于铁粉；通过这些铁粉的口碑相传，有超过第一层核心圈 10 倍的人群被影响，形成第二层影响圈；再通过层层传播，形成更大规模的关注圈和扩散圈。

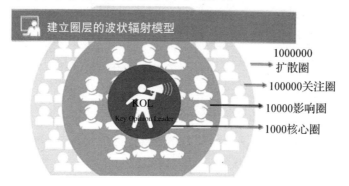

建立圈层的波状辐射模型

在打造 IP 的过程中，会有人被你的人格、产品、品牌所吸引，逐渐认可你、信任你、喜欢你，这就构成了种子用户的基础。

种子用户是社群的基础，奠定了社群的基调，对于社群的发展至关重要。 他们的认知水平决定意识，意识决定价值观，价值观决定信念，信念决定能力，能力决定行动，行动决定结果，最终影响这个社群的长远发展。一个社群中如果没有种子用户，相当于房子没有稳固的地基一样。正是因为其关键性，所以挑选种子用户要慎重，舍得花时间，遵循一个原则：质量大于数量。很多曾经热闹非凡的社群之所以轰然倒地，就是因为忽略了种子用户这个环节，一窝蜂来，没有门槛，没有筛选。

> 种子用户是社群的基础。
> 种子用户需要符合三个条件：积极正面，愿意尝鲜，能提供建议。

什么样的人适合做种子用户呢？需要符合以下三个条件：1）积极正面。这个人必须是一个积极活跃有正能量的人，他可以带动其他人，塑造良好的氛围。2）愿意尝鲜。这个人必须有开放的心态，愿意尝试新鲜事物，愿意打破常规，突破自己的固有认知。3）能提供建议。这个人必须能发现问题并认真思考，提出自己的建议。

种子用户从哪里来呢？如果已有一定的积累，原则就是一句话：兔子就吃窝边草。可以从老顾客、老用户、会员、粉丝中来，也可以从朋友、同学、熟人中来，因为他们对你有了一定的了解和信任，你对他们也比较熟悉。如果是全新的品牌和产品，没有用户的积累，那么就需要多费些工夫了，前期可采用广告、地推等方式获得一批用户。

种子用户并不需要很多，几十个、几百个就够了。由于种子用户的重要性，所以建议用定向邀请的方式，精挑细选。

雷军做小米的时候，最开始想找一百个种子用户，他之前并没有做手机的经历，小米当时是全新的品牌，没有用户的积累。他是从哪里找的种子用户呢？2010年8月16日，小米推出自己的第一款产品MIUI，这是一款手机用的操作系统，首批用户是手机发烧友，愿意尝试新鲜事物的一批人，小米请他们使用MIUI系统刷机升级，如有问题反馈给小米做改进和优化。通过这种方式，小米迅速聚集了一批手机发烧友的种子用户。

大家也是一样，你要找种子用户，就要考虑哪些人可能是你的种子用户，他们分布在什么地方，在微信、微博，还是论坛、QQ群？然后花时间去找到他们。

怎么能吸引他们成为你的种子用户呢？

第一靠名，第二靠利。名，就是用荣誉来吸引。××品牌大使，××尖刀用户，××一等兵，这些头衔和荣誉往往可以吸引到一些人。利，就是用好处来吸引。好处可以是直接的经济好处，也可以是其他好处。比如赠送积分、赠送奖品、赠送优惠券等。小米种子用户的好处就是能第一时间测试和使用最新的手机操作系统，对于这些发烧友来说，这本身就是一个莫大的吸引。

从社群营销角度来说，找种子用户时，建议从一类人入手，即潜在用户中的某个细分人群。也许你的目标群体有多类人，但是不要遍地开花，要从中筛选一类人，这类人积极活跃、爱传播。比如卖奶茶，白领和大学生都是目标用户，应该从大学生开始，因为这类人群聚集在一起，容易被感染。此后对大学生再继续细分，从某一个学校入手，再扩散到10个学校、100个学校。

5.4.3 分层裂变

还记得小时候我们经常玩的游戏吗？和小朋友一起来到池塘边，捡起地上的小石子，用力扔到水里，看谁扔得远。我们会看到什么景象呢？以小石子落水的地方为中心，荡起一圈圈的波纹，不断向外扩散，越来越大，越来越多，对不对？这个现象，我称之为波纹理论，

就是我们社群分层裂变的基础理论。

很多社群之所以做不起来做不大，关键就是不知道怎么去裂变。我们做众筹项目时，需要找投资人，遵循的就是波纹理论。比如第一批找了20个投资人，然后每个人推荐一个人，20个变成40个，每个人再推荐一个人，40个就变成了80个。社群的分层裂变同样如此，只是在找众筹投资人时，一般需要的投资人数量并不是很多，不需要用一些特殊的工具，通过口碑传播、转介绍就可以搞定了，但是在社群裂变中，往往要用一些自动化的工具来配合。

> 分层裂变的基础理论是波纹理论。
> 分层裂变的机制设置需要满足三个条件：有面子、有里子、有乐子。

社群的分层裂变，除了工具外，还需要设置一定的机制。种子用户是火药，机制就是火苗。要想更好地促进裂变，让火药更充分地爆炸，**机制的设置需要满足三个条件：有面子、有里子、有乐子。**

有面子，就是让人因为帮你分享裂变，能得到别人的尊重，能让别人高看一眼，觉得这个人有品位，至少不会让别人觉得很低级。微商为什么被很多人反感？很大程度就是因为不断刷屏，而且发的东西都是广告，还是些不知名的小品牌，甚至图片都做得粗制滥造。你拿这样的图片让别人帮忙转发裂变，别人都不好意思出手。

有里子，就是别人帮你做了转发裂变，能得到什么实际的好处。比如有经济回报，有推荐奖励。千聊、荔枝微课上有很多在线课程，都使用了分销裂变的方式，比如课程售价99元，你可以获得自己的推广海报并通过微信群、朋友圈等途径扩散出去，如果有人看到并购买了课程，你就可以获得一定比例的佣金。除了经济回报外，给积分、给礼品也是可用的方式。

有乐子，就是分层裂变的过程要设计得好玩有趣。

有个餐厅曾经做过这样的活动，充值1000元送1000元，送的1000元是10张代金券，每张100元，可以在餐厅抵100元现金。充值人自己不能用这10张券，可以送给自己的朋友。当朋友来餐厅消费时，超出100元的部分需要付现金，只要朋友付现金或者充值，推荐人就可以获得一定的奖励。这是一个线下实体通过优惠券来做分层裂变的例子。

另一个餐厅，是通过众筹模式创办的，有20多位股东，设置了一个简单的规则：只要就餐时报某一位股东的名字，就可以获得一定的优惠。股东们非常乐意到处传播类似下面的一段话："我是××餐厅的股东，朋友们如果去这个餐厅吃饭时，记得提我的名字，有优惠哦。"

虽然没有经济回报，但是光是这段话，就让股东们觉得很有面子，所以愿意主动传播，为餐厅带来了不小的客流量。

2017年，中国女创学院发起了一个读书社群：三三读书社，希望能让身边多一位爱读书的人。第一步，找了33个人，组成了一个特战队。这33个人都是有一定影响力的IP，本身都有一定量的粉丝，相当于种子用户。然后设计了一个裂变机制，3天内影响3个人爱读书即可获得《三三读书法》电子手册，每影响3个人爱读书即可解锁一节《三三读书精品课》，影响60个人可自动晋级为会员，影响300个人可成为合伙人。每个人都可以生成自己的专属海报，只要有人通过你的海报扫码进入，就相当于影响了一个人，就会记录在系统中。为了增加趣味性，还做了一个影响力排行榜，可实时看到每个人的排名，影响爱读书的人数越多，排名越靠前。

首先是这33个人通过朋友圈、微信群等途径转发扩散，围绕种子用户进来第一批用户，然后为了解锁更多课程，第一批用户继续转发扩散，带来第二批、第三批用户……这些用户都放到了不同的微信群中，每天在群内发布影响力排行榜，又刺激了大家为了排名而努力裂变。3天时间裂变了1万人，5天达到了1.7万人，持续了1个月，总共裂变了8万多人。

我们回顾一下，让身边多一位爱读书的人体现了正能量，转发出去是不是很有面子？影响的人越多，解锁的课程越多，是不是有里子？每天发布影响力排行榜，引发大家互相PK，是不是有乐子？

5.4.4 持续转化

移动互联网时代，成交公式是：成交 = 需求 × 信任 × 情感。

需求只是基础，信任和情感才是成交的决定因素。作为品牌和用户沟通的最短路径，社群是建立信任和情感的最佳阵地。当一个企业通过种子用户、分层裂变，聚集了大量的潜在用户，并且通过社群经营建立了信任和情感后，成交已经是水到渠成的事情了。当然，一次成交不是我们的目的，持续转化才是王道。我们希望的是一次购买的顾客成为回头客，回头客成为终生用户，终生用户不停地帮我们转介绍新的顾客。如何做到呢？

1. 快速完成第一次成交

第一次成交是双方的第一次交易，是持续成交的基础，企业一定要让顾客没有顾虑。如何做到呢？设计一个无法拒绝的成交主张并说到做到。

成交主张需要具备以下三个条件：

（1）高价值。

顾客买的不是产品，而是产品带来的价值。要脱离产品本身设计成交主张，突出价值，突出带给顾客的好处。

（2）低价格。

作为第一次成交，顾客是有担心和顾虑的，如果价格太高，很难成交。定价方面，尽量价格低些，一倍价格，十倍价值。

（3）退款保证。

不管价格多低，对于顾客来讲，仍然有风险，要想快速完成第一次成交，就要让顾客没有任何风险，退款保证是一个有力的手段。

很多人会觉得退款保证对卖家不公平，对卖家有风险，实际上，即使你有退款保证，也不会有多少退款。通过退款保证，增加20%的销售，哪怕有一些退款，也是非常值得的。所以，只要你的产品品质有保证，大胆地提供退款保证吧。

举个例子：一个农夫想给自己的女儿买一匹小马，到了集市后，有两个商人都在卖马。第一个商人说："我的小马品种优良，价格便宜，只要3000元。"另一个商人说："我的小马4000元，可以让您的女儿试骑小马一个月，我会把小马带到您的家里，备好小马一个月的食物，并且我还会派我的驯马师，一周一次去教您的女儿如何喂养及照顾小马，小马很温和，最好让您女儿每天都骑着小马，让她和小马相互熟悉，在第三十天结束时，我会开车到您家，如果您满意，支付我4000元，如果不满意，我就把小马带回来。"

两者对比，一目了然，第一个商人卖的是产品，第二个商人卖的是成交主张。

2. 提供热情周到的服务

台湾的经营大师王永庆年轻时在一个镇子上卖米，他卖米的成绩总是远远超过同行，并且逐渐垄断了镇子上的米铺。

这是为什么呢？王永庆有两招是很厉害的。

其一，每回初次去给一个顾客送米的时候，王永庆都会和对方拉拉家常，这样就知道了对方的家庭情况，了解了一些基本背景，王永庆就大概能算出这家人会多长时间吃完这些米。然后，王永庆会记下来并在一定的时间段给顾客打电话，问一问是不是快吃完了，是否需要再送去一些。

其二，每次送米，王永庆会带一张白纸，先把纸铺在地上，把米缸里的陈米倒在纸上，然后把新米倒进米缸，这样就避免了顾客总也吃不到下面陈米的问题。

通过热情周到的服务，特别是一些细节上的服务，可以极大地增加顾客的满意度和信任感，有利于顾客变成回头客甚至终生顾客。

3. 不断进行产品的迭代

因为专业做企业社群商业服务，经常有社群里面的小伙伴找我，提出各种不是社群服务的需求，比如是否提供商业计划书写作服务，是否能对接投资，是否提供法律服务等，五花八门。用户的需求是多样化的，当信任建立起来后，他更希望通过他信任的人来解决自己的多种需求，不管是不是这个人的专业。

企业通过社群和用户建立信任后，要抓住这个有利条件，不断推出新的产品，来满足用户新的需求。抓不住用户的痛点，是企业最大的痛点，社群恰好可以解决这个问题，因为社群是用户主动发出声音的最佳阵地，用户在社群中沟通交流时，会说出自己的需求和痛点，企业要做的就是梳理出来，然后对症下药，提供针对性的产品。不断地迭代产品，不断地满足用户新的需求，信任和情感会越来越强，最终形成良性循环。

> 社群是用户主动反馈需求和痛点的最佳场所，
> 是企业和用户建立信任和情感的最佳阵地，
> 是推动用户从一次购买到回头客到终生用户到宣传员的最佳手段。

4. 和用户结成利益共同体

口碑传播是最有效的营销武器。如何形成口碑传播呢？如何能让顾客主动帮我们转介绍呢？最有效的手段，不是给荣誉，不是给推荐奖励，而是让企业变成顾客自己的。

一个小区旁边的水果蔬菜店，采取了一个措施，邀请小区的居民对门店进行投资，每份1000元，获得1000元的果蔬卡，可以直接购物使用，同时还获得门店一定的分红权。试想他能不主动转介绍吗？这个门店已经和他的利益息息相关了，让他有面子，还有里子，每个入股的居民都成了门店的大喇叭，主动传播。这时候顾客不只是顾客，还是推广员、服务员,而且是免费的。

通过热情周到的服务,可以增加顾客回头率,增加购买次数,通过新产品迭代,可以增加顾客购买的数量和客单价,通过结成利益共同体,可以促使顾客帮忙转介绍和口碑传播,从而带来更多的顾客,这样就形成了一个良性循环,顾客数量越来越多,购买次数和客单价越来越高,企业自然也就越来越好。

5.5 社群运营案例解析

5.5.1 简书社群

崔义超在《社群媒体》中介绍了简书社群的案例。

简书是一个优质的创作社区,在这里,你可以任性地进行创作,一篇短文、一张照片、一首诗、一幅画……我们相信,每个人都是生活中的艺术家,有着无穷的创造力。作为一个 UGC 优质原创内容社区,简书从"发现文字的力量"到"交流故事,沟通想法",定位越来越清晰,内容的覆盖面越来越大。如今已经成为对阅读、写作感兴趣,渴望通过学习自我提升的年轻人的聚集地。

随着用户规模和活跃度的提升,从 2016 年 7 月开始,简书在 App 首页、专题页、官方微博、微信等渠道公布了相关工作人员的个人微信,短短一个月内吸纳了 2 万多人添加好友,简书将这 2 万多人按兴趣和地域分别拉到了对应的群，组建了50多个不同类型的社群。

简书社群主要分为兴趣群和地域群。兴趣群依托于简书上颇具特色的"专题"，"专题"是微信群的一种表现形式，比如翻译群、散文群、青春群、读书群、电影群等。由于专题兴趣组在App上已经具备了一定的社区属性，平移到微信群后，社群关系得以放大，链接更加紧密，群成员更加活跃。

地域群是基于城市组建的社群。喜欢在简书看原创内容的用户，按照地理位置分属不同城市，同一地域的人有交流和聚集的愿望，线下活动更加方便，于是就有了地域群。他们都因简书聚集在一起，认同度比较高。地域群可以真实地展现各城市的风貌。

建群后，简书在App的50多个"专题"上发起公开招募主编的活动，各领域的达人纷纷成为相关"专题"的主编，负责App上"专题"的编审，同时他们还负责同名社群的运营。比如曾在北京奥运期间担任场馆翻译、服务国家领导人的中英同声翻译贝小鱼，就是翻译专题的主编，同时还负责翻译群的运营。这些专题主编和社群运营人员，并非简书的工作人员，没有薪酬，如何能激励他们的积极性呢？

简书赋予了他们很大的权利，可以直接把社群成员的文章推送到简书首页，这个权利甚至大过了简书内部的编辑。简书作者在App投稿后，即使被内部编辑审核通过，也要在"新上榜"栏等候排队上首页，而经专题主编推荐的文章，无须排队即可直接上首页。

这种高度放权的激励措施，无论对专题主编还是普通成员，都具有极大的激励作用。对于专题主编来说，能激励他们倾注心力来运营自己的社群；对普通成员来说，这是除"首页投稿"外，一个能更加直接地让自己的文章得到展示的途径。所以在简书群内，群成员非常活跃，UGC内容极为丰富。

专题主编的权利不仅如此，他们还拥有一笔用于打赏作者的资金，以及推荐作者成为简书签约作者的权利。对于社群的运营工作，从规则的制定、活动的运营、社群的玩法，他们全权负责，高度自治，每个群都有符合自己人群属性和特点的内容和活动。

比如翻译群的每日翻译练习，写作群的每日打卡等，都是专题主编结合本群特征设计的主题活动。

在做社群之前，简书只是一个App，简书与用户、用户与用户之间并没有更多的交流。在做社群之后，简书通过微信群的方式，将社区内原本存在的沟通交流需求激发了出来。以往简书官方发布新版本新功能新活动时，只能针对所有用户推送同样的信息，既不精准，效果也不好。有了社群后，这类信息可以第一时间触达社群成员，并通过活跃用户扩散传播，既精准又高效，还能及时获得社群成员的反馈，促进产品和服务的改进。

同时，用户之间的交流也得到了加强。很多聚集在"专题"下面的作者、读者之间是有交流需求的，以往只能通过站内信的方式实现，有了社群后，他们之间能够更加紧密地联系，互相交流，共同提升。

作为一款UGC社区型产品，简书天生具有社群基因，把App上的社区关系平移到微信群后，通过"专题"主编们的精心运营，产生了很好的效果。

5.5.2 灵魂有香气的女子

2013年以来，伴随着移动互联网的发展，纸媒日渐式微。出于媒体人的职业敏感，一大波纸媒从业者开始转向自媒体，陶妍妍就是其中一位。她从2013年开始经营微博，2014年和好友李筱懿一起开了公众号"灵魂有香气的女子"，名字来源于李筱懿的同名畅销书。

第五章 社群新零售第二层：社群运营

2016年11月，公众号"灵魂有香气的女子"获得数千万Pre-A轮融资，估值1.5亿元人民币，公众号粉丝140多万，旗下中产阶级女性社群"香蜜会"人员达1.2万人。

公众号的定位是向女性传递"成长比成功更重要"的价值观，用美文的形式发表见解，引导女性做更好的自己。对于自媒体来说，要做到日更或周更，是很难的事情，对个人的消耗很大，只有少数的顶级写手才可以做到。陶妍妍很早就意识到了这个问题，所以一开始的内容产出就不是单向的，每周会选择质量高的读者来稿发布。

在公众号持续向前走的过程中，也在根据用户的反馈不断地调整优化。一次李筱懿无意中创作了一篇爆款文章："婚姻里，你孤独吗？"圈了很多粉丝。此后她们就有意识地探索这类文章的特点，研究受众的心理和审美，按照需求去创作，爆款文章频出，扩大了知名度。在此基础上，公众号形成了"轻悦读""女神范""看世界""影视圈"等不同的栏目，定时向读者推送主题清晰、文风优美的文章。

"灵魂有香气的女子"很重视和读者的互动，称呼自己的粉丝为"香蜜"，要求栏目编辑亲自回复粉丝的留言，因为这样才能知道粉丝的痛点在哪里，如何让文章变得更好。同时公众号还重视粉丝自己故事的展示，开设了"密友圈"栏目，专门报道那些活得精彩的女性，让读者感觉到这些高质量的人群就在自己身边。

2015年6月，她们在公众号发起了一次泰国清迈游活动，每人费用9999元，想通过高价格门槛和高质量服务，筛选出高质量粉丝。本来计划发布6期文案，但是到第2期的时候名额就报满了。这次活动给了陶妍妍很大的感触，这是她第一次和粉丝近距离接触，了解他们的真实身份和人员构成，比如有来自山西的公务员、上海整容医院的院长、金融行业的高管等。团队有这么多高质量的粉丝，是一笔巨大的财富，她觉得应该把她们运营起来。

2015年末，"灵魂有香气的女子"开始在全国各地建立社群组织"香蜜会"，目前已在40个城市建有大群，同时还有5个兴趣群，覆盖人员1.2万人。为保证社群高效系统运转，她们构建了规范化的运营体系，每个城市都有一个"班委会"，是本地群的管理机构，由热心的成员组成，每月至少有两次线上语音分享活动，同时每月都会组织线下活动，如插花、茶艺、红酒品鉴、美食烘焙等。班委会先确定形式，群成员自主报名，只要达到一定人数，总部就协助招募。活动做完后，还会在公众号的"蜜友party"栏目进行展示。同城的女性看到这些活动信息后，也会有兴趣加入进来，成为新的"香蜜"。

据"灵魂有香气的女子"对社群成员的数据统计来看，"香蜜"们大多是25岁到45岁之间的女性，广东省人数最多，其次是山东、北京、上海、浙江等地，以沿海城市为主。她们受教育程度较高，75%以上有大专以上文凭，留学生和研究生也占有一定的比例。家庭月收入2万元以上的占20%。这群人既不是土豪，也不是生活拮据者，她们过着正常的生活，有自己的思维方式，正如陶妍妍所说："我们都是情绪稳定的中年人，内心比较平静，与这个世界的关系是和谐的。""香蜜会"提倡灵魂有香气的生活方式，通过线上内容和线下活动把群成员聚集到一起，互相影响和促进，在社交中增强人和人之间的信任和情感，蜜友们并不觉得这个社群是陶妍妍和李筱懿个人的，而是大家共同经营的平台。

5.5.3 吴晓波频道

吴晓波是著名的财经作家，"蓝狮子"财经图书出版人。从2014年起，他着手打造财经脱口秀节目《吴晓波频道》，迅速汇集了大量的粉丝。人数扩充到一定程度后，吴晓波开始观察后台的数据，并分析用户的类型和兴趣点。他发现，"从后台看，这90多万人里面，有3个60%。第一个是60%用户是男性，第二个是60%是80后和90后，这让我很高兴，因为长期以来，我的读者是以50后、60后以及70后为主的，有了公众号以后，年轻人开始逐渐增加了，变得更加活跃了；第三个是60%的人集中在北上广深这样的地区，像北京和上海，我的订阅用户超过了9万人"。

这个数据说明了两个问题：第一，大家虽然都喜欢吴晓波老师，但是在细节上还是不同的，年龄、地域、性别和参与度都有差别。第二，当差异出现之后，再把这些人强行圈在一个群体里面，显然是不合适的，差异会阻碍人们之间的互动和交流，久而久之，就都沉寂下去了。**一群有差异的人混在一起，叫乌合之众。**

吴晓波意识到了这个问题，并着手用社群的方式来解决。他首先明确了社群的价值观，专门写了一篇文章来阐述社群的价值观，包括认可商业之美，崇尚自我奋斗，乐于奉献和共享，积极阳光，不自甘堕落。

吴晓波清楚地知道，当他把价值观明确提出来后，肯定会有不认可的人离开，但他认为这是值得的。留下的人未必对社群充分认同，但离开的一定是不认同的人。价值观就像一把筛子，把那些对社群没有认同感的人筛了出去。

明确了价值观后，开始构建社群，吴晓波建立了一个组织：书友会。一开始是在 QQ 群里面组织的，后来发现当群内人数多了以后，会变得七嘴八舌，混乱不堪，尤其是广告信息会严重损害其他成员的参与感，于是吴晓波决定把虚拟的组织明确化，首先在北京建立了一个班委组织，并在网上找了一份《罗伯特议事法则》，教大家学会开会，选出了班长和班委。

在《吴晓波频道》主编雪虎的演讲中可以了解到，书友会在每个城市都会配一个总负责人，带领一个团队管理本地的书友会。这些人并非员工，而是粉丝自发组织并推选出来的。对于如何建立书友会，他们摸索出了一套标准的流程。第一步，建立官方 QQ 群，从每个城市发起，如果想加入书友会，可以先进入该群。第二步，设定进入微信群的门槛。条件是需要报名参加线下的活动，通过线下活动来筛选用户。第三步，学习《罗伯特议事法则》，推选班长和班委。第四步，给班长官方授权，由其负责组织本城市的各类书友会活动。第五步，根据活动的不同设立各类小组长。

同时，书友会还有一套考评机制，对班长人选进行充分考评，一旦选定就给予全力支持。有明确的群规，标明群内发言的底线和广告规则。书友会所有的班长也在一个群内，大家一起商量组织统一的活动，在各个城市一同发起。例如，所有的城市每两周有一次"同读一本书"的活动，选取当下比较热门的有价值的书，然后大家提交书评进行 PK，最后评出最好的发布到公众号里面，并颁发奖品进行奖励。

吴晓波频道，有统一的价值观，有统一的规则和运营机制，通过班长和班委的自组织形式，举办各种活动，社群运营越做越好。

第六章
社群新零售第三层：
平台化运作

6.1 平台化的两个方向

通过产品销售，大家赚到了钱，结成了利益共同体。通过社群运营，大家建立了信任和情感链接，结成了精神联合体，平台化的条件和土壤已经完全具备了，下一步会自然的进入平台化运作阶段。

平台化运作有以下两个方向。

6.1.1 企业通过跨界合作实现平台化

企业通过跨界合作、资源对接，满足用户的各种需求。

用户需求是多样化的，社群是用户主动反馈自己需求的最佳阵地。随着用户社群规模的扩大，作为企业方你会发现，用户反馈出来的需求和痛点越来越多，越来越五花八门。

这时候，你要怎么做呢？这些需求是超出你的能力范围的，你不懂其他行业，要建新的工厂、上新的产品线吗？这样肯定不行。怎么办呢？没关系，你的企业没有这些条件，可以找具有这些条件的企业合作？找到合适的企业，谈好合作方式，由他们来按需生产就行了。这样，你的企业就通过跨界合作和资源对接实现了平台化发展。

顺逛是海尔集团旗下官方社群交互平台App，以"建设一个家，服务一个家"为宗旨,以社群交互为基础。App 为消费者提供家用电器、生活服务、家居家装、母婴、玩具、百货超市、数码 3C、金融理财等多品类的差异化产品和服务,打造匹配其个性化家庭场景的智慧生活解决方案。

顺逛聚焦社群交互功能,搭建起消费用户、行业领域专家、微店主、社会化品牌以及海尔集团资源为一体的智慧家庭社群生态。

顺逛已聚集了海尔员工、大学生、创业青年、全职妈妈等 100 多万的微店主,顺逛上面的产品,以智慧家电为核心,同时聚合了智慧家庭周边产品及服务的全需求,包括母婴、玩具、百货等,是通过跨界合作和资源对接实现平台化的典型案例之一。

6.1.2 群成员自启动项目实现平台化

社群的发展状态是从开始的中心化到后面的多中心化,理想的状态是多中心多节点自组织自运营。项目的发起不一定必须从打造社群的企业开始,只要能洞察用户需求并有能力满足需求,社群里面的小伙伴都可以发起,其他小伙伴会自动参与进来,有钱出钱有力出力,资源对接,合作共赢,快速启动和推动项目的发展。这时候启动项目会变得非常容易、非常简单,会不断有新的产品和项目冒出来,社群小伙伴组成不同的团队来运营项目,平台要做的就是制定好运营规则,保证大家的共同利益。每个人都可以在其中找到自己的位置,发挥自己的优势,不再仅仅做个卖货的,而是可以在社群中开拓自己的事业,拥有自己的前途,最终大家结成了事业共同体和命运共同体。

> 平台化运作的原则就是:搭平台、建规则,大家一起来唱戏。

6.2 平台化的四种方法

2016 年，我写了一本书《社群众筹》，书中提出了一个概念：众生活。众生活是基于社群资源，用众筹众包众创的模式，落地一个个优质项目，涵盖吃喝玩乐衣食住行，按需定制，按劳分配，各尽所能，人人受益，每个人过着自己可以把控的品质生活。

不管在任何一个城市，都有自己的聚点，都有一群同路人，都有身心归属的家园。这种生活方式，就叫众生活。

2018 年，我启动了一个项目：我的众生活，定位是实体赋能平台，通过社群为实体企业和项目赋能，包括餐饮、快消、大健康、美容、教育五大行业，促进项目更好发展，打造社群爆品项目，最终实现"链接一万人，落地一万个项目、影响一亿人的生活"的目标。

企业通过社群新零售模式进入到平台化运作状态时，就和上面所提到的众生活有很多类似之处了，无论是企业发起项目，还是群成员发起项目，都要用到四种方法，如下所述。

> 平台化运作使用的四种方法：
> 众智选产品，众筹做项目，众创做内容，众包做社群。

6.2.1 众智选产品

第一种方法叫众智选产品。

在工业化时代，企业销售采用的模式是从企业端发起的，包括淘

第六章 社群新零售第三层：平台化运作

宝的C2C模式，天猫和京东的B2C模式，都是企业和卖家发起，通过推广宣传把信息传递给用户，用户根据自己的需求确定是否购买。在这个过程中，用户处于被动的地位，对于产品的生产制造并没有什么话语权。比如，工厂生产的杯子只有红色的，你想要白色的，对不起，工厂是流水线生产，不可能单独为你定制白色。你或者选择不买，或者选择买下自己并不是很喜欢的颜色。

为什么做这个项目，推出这个产品呢？产品的颜色、规格、大小、包装等，很多都是企业拍脑袋决策的结果。在供不应求的时代，这样做产品是没有问题的，但是在移动互联网时代，一来产品供应极大丰富，二来用户的自我意识已经觉醒，用户的个性化需求越来越强，用户想要的是直达自己需求的产品和服务、我需要什么，你给我提供什么，这才是最合理的、符合人性的购买逻辑；而不是你有什么，我就要买什么的强制逻辑。供求关系已经在发生扭转，从以前的企业方发起，变成了用户方发起。

为什么会有那么多的库存，为什么国家一直在强调供给侧改革，就是因为供方的生产方式和用户的需求方式不一致了，工业化大批量生产的产品，不能满足用户的个性化需求。

如何实现呢？靠工业化时代的大批量生产、大规模销售的模式，肯定是无法实现的。要靠用户需求驱动、个性化定制、柔性生产才能实现。所以，S2B2C的本质其实是C2B2S。用户把自己的需求反馈给渠道商，渠道商对需求进行整理、分类，反馈给供货商，供货商根据需求通过柔性生产制造出用户需要的产品，再通过渠道商传递给用户，并提供相应的服务。

在众生活平台上，是这样筛选产品的。

首先，设定了一个标准，要符合以下条件。

(1) 必须有社群基因,不仅有产品,而且有内容有故事。

(2) 必须和生活息息相关。

(3) 必须能体验,而且体验感强。

(4) 必须具备高频、痛点、刚需、市场大的特点。

它的定位是实体项目的社群赋能平台,如果一个产品没有社群基因,是不符合条件的,比如杯子、桌椅、耳机、纸张、文具等。

比如,有位老中医,在全国有自己的多家医馆,有独家研发的产品,每周做线下讲座,有内容有故事,有线上有线下,有产品有服务,这种项目是有社群基因的,是符合众生活的筛选标准的。

其次,群成员通过投票选择。

众生活有一个活动叫"社群挑战赛",是一个全国巡回的线下活动,包含产品体验、路演、投票等环节,符合标准的项目可以报名参加,群成员通过人民币投票的方式,选择自己认可的产品和项目,每次大赛的冠军可参加年终总决赛。在大赛中获胜的产品,可以获得平台的重点推介,这就是众智选产品。

6.2.2 众筹做项目

前面讲了社群的定义,一群人组成的精神联合体和利益共同体。打造精神联合体,主要靠社群运营、深度链接、建立信任和情感,打造利益共同体,众筹是一个非常有效的手段,众筹是打造利益共同体的链条和纽带。

在我的《社群众筹》一书中,给众筹下了一个新的定义:**众筹就是你的所有资源的集中爆发。**

不管是企业发起项目,还是群成员发起项目,都要充分利用社群的资源,避免单打独斗。通过众筹,可以集中社群优质资源,充分发挥社会化的力量,把外部交易变为内部合作,极大地降低交易成本,提高效率。众筹的本质是筹人、筹钱,实现资源对接,筹钱是入口,筹人是根本。

在众生活平台上,提倡大家用众筹的方式来启动和运作项目,会员可以根据自己的资源以及时间的匹配度,确定是否参与、如何参与。

你有资金,可以投资进来,获得股权或分红;你有渠道资源,可以直接来推广项目;你有团队、懂运营,可以直接参与项目运作。

平台采用的主要是股权众筹、分红权众筹和产品众筹,通过众筹,聚合更多优质资源,充分发挥每个人的优势。

一个众筹项目落地,就相当于在社群中编织了一个链条,聚合了一群人,结成了一个紧密的利益共同体。当一个平台上有多个众筹项目落地后,平台的基础就会非常牢固。

> 不玩社群的众筹都是伪众筹,
> 不玩众筹的社群都是伪社群。

6.2.3 众创做内容

内容运营是社群运营的关键环节,缺乏有价值的内容是当前大部分社群的痛点。无论是在社群运营中,还是在项目运行过程中,对于内容都存在着大量的需求。

在运作前期,内容通常是由企业方自己来提供,安排新媒体、设计、美工,组成运营团队,提供文章、组织沙龙等。但是如果单纯依靠自己的团队,内容运营会出现以下问题。

第一,提供的内容不符合群成员的胃口。

企业团队成员并不是群成员,他们坐在办公室里做出的东西,和群成员心里想要的很难匹配上，因为无法感同身受。

第二，很难做到持续提供内容。

很多社群都有每周组织沙龙的计划，每周邀请一位老师做线上的主题分享，但是能坚持下来的有几个？大部分都是半途而废。中心化的运作，对于人力物力资源都有很高的要求。

要想解决这些问题，就要发挥群成员的集体智慧，众创做内容。

群成员本身就是社群用户，是和其他成员紧密接触的，是可以收到用户反馈的，是能进入用户心里的，是可以和用户感同身受的，是更懂用户的。他们可以针对用户真正的需求，提供对症下药的内容。不管是文案、图片、海报、小视频，都能引起用户的共鸣。

众生活本身的海报、软文、图片、话术、小视频等，除了平台提供外，更多的来自于我们群成员的各显神通和独特创意。

要想促进群成员更好地众创内容，需要制定规则，比如根据内容给积分，每月做积分排行榜，授予荣誉称号以及相应的奖励。

6.2.4 众包做社群

社群构建和运营，要想真正做好，需要专人负责，需要投入时间与精力。

2019年3月，我在北京为华联的高管团队和店长做社群培训，有人问到一个问题：一个购物中心每天人流量好几万，周边小区人口数十万，构建这么大规模的社群，需要很多社群运营人员，但是我们没有那么多人，人手不够，怎么解决呢？

有以下两个方法。

1. 全民皆兵

做社群的运营，除了专职团队外，更多可以靠兼职。社群运营是全公司的事,不是某个部门的事,所有员工都要参与进来,每个人兼管几个群,应该还是可以做到的。

2. 利用社会化力量

从社群中筛选活跃分子,有时间有热情愿意投入的人,请他们加入到社群运营团队中,协助运营。当然,要给他们一定的回报,包括经济回报和名誉回报。

在众生活平台中,有高级会员、VIP会员、普通会员。一个城市有3~7名高级会员,有100~200名VIP会员,有2000~10000名普通会员。众生活平台的目标是构建100个VIP会员群,20万~200万个普通会员群。这么多群,如果采用中心化运营的话,需要多少人力才能支撑呢?

众生活采用了众包的方式。平台的社群运营团队负责高级会员群的运维和管理,城市的高级会员负责本地的VIP会员群的运维和管理,每个VIP会员负责自己社群的运维和管理,这样就实现了分工合作。

要想做好众包,需要做到以下两点:

(1)设置好回报机制

参与到社群运营的小伙伴,可以获得多方面的回报。

①打造个人IP。

在群里做运营,和群成员交流最多,会逐渐打造出个人的IP。

②获得优势资源。

平台上有好的机会,比如培训、资源对接、项目运营,可以优先获得。

③获得经济回报。

可以给运营经费,或者给基本工资+提成,做得好的小伙伴,可以晋升为平台合伙人,加入核心运营团队,有机会成为股东。

（2）做好人员培养

社群运营是一个系统化的工作，必须做到专业化，否则很可能达不到想要的效果，甚至南辕北辙。

人员的培养很关键，要针对社群运营团队提供专业的培训和指导，首先让他们知道怎么做，另外在运作过程中不断提供答疑和指导，发现问题，及时解决。

6.3 平台化运作案例解析

6.3.1 面包公社

面包公社创始人 Kechao 是一位理科生，本科专业是生物，毕业后又到美国读了微生物专业的博士，回国后进入通用电气公司的研发部门工作，之后跳槽到一家上市公司做了两年的投资并购工作。后来辞职去斯坦福大学商学院学习管理，2014 年 kechao 回国，想要做一件自己喜欢的事情。由于很好的教育背景加上跨领域的工作经验，摆在眼前的项目很多，很难取舍。这时候她发现，在美国时，家家都有烤箱，烘焙是再普通不过的美食加工方式，但是在国内家庭中这种情况还很少。同时国内的烤箱销售量快速上升，意味着烘焙食品已经越来越受到了人们的喜爱。

她敏感地意识到，烘焙行业会是未来的一个趋势，于是果断选择其作为自己的事业方向。她在通用电气工作时的好朋友也认可她的想法，成了她的合伙人。

最初，这个项目叫"面包三点半"，相当于一个提供定时送服务的电商平台，下午三点半把顾客定的面包送到她们的办公室。运作一段时间后，发现效果并不好，交易的味道太重。买小众产品的人，更注重的是社交，她们希望看到做产品的人是什么样的，先认可人，才会买东西。

认识到这一点后，团队开始寻求改变，最终决定创建一个面向全职妈妈的社群，不但提供美食，更提供做美食的方法和交流生活感悟的环境，这就是如今在上海中产女性阶层中名气爆棚的"面包公社"。

在北上广深等一线城市，有这样一群高素质的女性，她们受过良好的教育，基本都是本科以上学历，毕业后在大型公司上班，有很好的职业背景，但结婚生子后，为了让孩子有健康的成长环境，不得不回归家庭。很多人一旦离开了职场，生活轨迹就会发生很大的变化，成为一条单行道，她们所拥有的知识和技能就闲置了。

"面包公社"的初心就是把这群妈妈的技能再次激活，给她们提供超越家庭生活的享受。如何激活呢？必须有一个具体的项目，而烘焙正是最适合的点。它蕴含着一种追求个性化和创意的匠人精神，在中产女性群体中是热门技能，很多全职妈妈们都喜欢烘焙、擅长烘焙，并有很多人愿意学习。

找到了精准用户后，做事就容易了很多。Kechao 开始牵头建立社群，把爱好烘焙的妈妈们聚合在一起。离开职场后，妈妈们每天照顾孩子，生活圈子变小，社交需求无法得到满足，面包公社就像一个港湾，让她们认识了很多志同道合的朋友，找到了归属感。

大家每天在群内晒自己的烘焙产品，在别人的赞扬和羡慕声中，收获了尊重和快乐。如果有人制作美食时遇到了问题，在群内提出，马上就会有人答复，交流便捷开放。随着交流的深入，社群里逐渐涌现出了很多烘焙达人，她们分享自己的美食经验，指导其他人制作，逐渐形成了一个多中心多节点的状态，她们的态度和行为影响着更多的人。

"面包公社"的每个群都有相应的群规，如不能发广告、不能挨个加好友、售卖美食的人必须分享配方等，保证了群的活跃度和纯洁度。

"面包公社"非常注重活动运营，有丰富的线上和线下活动。每天晚上9点，会在群里推荐一个烘焙达人的产品，精美的图片让人垂涎欲滴，加上这个达人是大家所熟悉并且信任的人，往往几分钟就会抢购一空。

除了线上活动外，还有丰富的线下活动。

1．烘趴

烘趴就是烘焙聚会，它不是传统的美食制作课程，而是一种交流活动。"面包公社"会邀请群里的烘焙达人担任烘趴主持人，她们不是专业老师，但有自己的审美创意和一招鲜，现场为大家制作美食，想学的人可以来学。这种活动不追求把大家教会，更重要的是好玩有趣。

2．烘焙义卖

"面包公社"和公益组织联系很紧密，经常组织妈妈们进行烘焙义卖活动，然后把所得收入捐给公益事业。同时还有亲子烘焙义卖，妈妈带着孩子参加，孩子从头参与义卖过程，包括设计海报、选择食品、产品定价和现场销售等，最后由孩子决定捐多少钱。这更像是一个孩子的创业项目，很能锻炼人的实践能力，得到了妈妈们的一致认可和称赞。

3．美食暴走

"面包公社"开创了一个美食暴走活动，组织一批吃货，选择一条路线，把城市的数个美食店串联起来，走一路，吃一路。刚制定计划时，还担心这样是否会太无聊，没想到却是所有活动中气氛最好的，大家边走边吃边聊，就像老朋友一样。这也恰恰契合了"面包公社"

的核心理念，吃是一种生活态度。这句话形成了社群的统一价值观，沉淀了更多想法一致的人。

这么多中产阶层的全职妈妈们聚在一起，里面的商机可想而知，"面包公社"为妈妈们的个人 IP 打造和转化提供了便利的条件。有的妈妈食品做得好，做得多，除了自己吃外，剩下的就可以分享给别人，收取合理的费用，大家称之为"余粮"。为了便于买卖，面包公社成立了微店，但要求售卖者必须提供真实的身份证明，有的还需要当面了解，还经常组织大家一起团购。同时，公社也帮助社群里的烘焙达人打造自己的个人 IP，通过视频、活动等方式，把她们推出去，成为这个领域的强 IP，某种程度上，"面包公社"已经成为烘焙达人的孵化器，大家共同的平台。

6.3.2　一起开工社区

2013 年，蔡延青在国外联合办公室的启发下，组建团队，筹集资金，用了三四个月时间把广州中山七路上的一处旧厂房改造成了一个开放式的办公空间，取名为"一起开工社区"，2013 年 11 月 30 日正式开业。社区照搬国外经验，采用流动办公收费模式，顾客按小时或按天付费，可以使用空间的工位。

过了一段时间后，他们发现这条路子走不通。当时中国的创业潮尚未兴起，自由职业者并不多，大家对移动办公和联合办公的需求并不强，还有人质疑"我为什么要和别人共享一个办公室"。即使来到这里的人也不是来找一个比咖啡厅更安静的办公地点，而是有更多的需求，比如想认识更多的人，想找到承接自己业务的人。

于是，他们开始调整策略，砍掉了付费流动办公服务，弱化了办公概念，同时采用会员制，开发会员线上社区，促进会员对接资源，形成了一个超越实体的、更加开放自由的社群。

"一起开工社区"的定位并不是为创业者提供办公位,而是面对有创意的年轻人和自由职业者,提供资源对接、互帮互助的平台。为了增强群成员之间的互动链接,他们在运营上做了以下三件事。

1. 提供在线连接工具

开发了"一起开工社区"App,无论是在联合办公空间还是异地的成员,都能够轻松实现连接,找到兴趣相投的同类。同时,群成员还可以通过 App 预定场地、发布需求、召集活动、寻求支持,以及购买和赠送咖啡(通过 App 购买一杯咖啡可以得到两杯,另一杯必须分享给社区的其他人)。

2. 设计丰富的互动方式

"一起开工社区"设计了很多互动方式,引导大家积极参与活动,称之为"接口"。比如共享办公空间,组建自己的社群,开展课程和服务,发起自己的项目,组建团队承接项目等。

3. 通过再赋权进行共建

"一起开工社区"提倡去中心化,每个会员都是社区的主人,既是生产者又是付出者。成员角色的转化意味着资源的流动和价值的传递。

成员在"一起开工社区"可以发起项目,由其他成员协作完成,也可以承接项目,组建团队共同完成,充分体现了众创众包的概念。社群搭建了一个"人才部落"的资料库,上面有每个会员的详细信息和能力评估,当有项目启动、需要组建团队时,"人才部落"就变得非常关键。

"一起开工社区"有三个层面的链接:联合办公空间的实体链接,项目协作的价值链接,社群共创理念的精神链接。充分体现了社群本身的特质,也是平台化运作的一个典范。

第七章
企业如何启动社群新零售

社群新零售模式分为三个层次：产品销售、社群运营、平台化运作。三个层次并行，分别打造三个体：利益共同体、精神联合体、命运共同体。产品销售采用的是S2B2C模式，社群运营采用的社群打造四部曲和社群运营三板斧，平台化运作采用的是四众：众智选产品、众筹做项目、众创做内容、众包做社群。

企业要想启动社群新零售，有两种选择：打造自己的社群新零售系统，和现有的新零售平台合作。

7.1 打造自己的社群新零售系统

7.1.1 社群新零售系统的模块架构

社群新零售系统模块架构如下图所示。

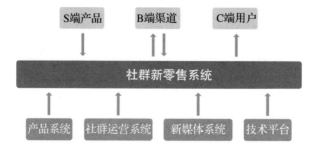

1. 产品系统

负责产品打造和产品迭代。

打造爆品产品,单点突破,根据用户需求不断迭代。

组织架构上,需要有产品研发团队。

特别提示:社群新零售以用户为中心,以用户需求为驱动,所以产品研发团队切忌使用以前的那种中心化思维、靠自己拍脑袋的方式开发产品和功能,一定要从产品思维进化为用户思维。

建议:产品研发团队中要有专人负责用户需求,包括收集用户需求和痛点、分析需求和痛点、制作需求分析文档,这个工作需要和社群运维团队紧密配合,挖掘出用户真正的痛点。用户需求是发动机,唯一的目的就是推动研发团队开发出有爆品基因和社群基因的产品,做到了这一点,企业就成功了一半。

2. 社群运营系统

负责社群体系构建、社群打造、社群运营,包括课程开发、授课、活动策划等。

需要社群运维团队,包括运营官、内容官和信息官。根据社群现状和发展规划,提前做好人力资源的规划和人员的培养。

3. 新媒体系统

负责文案制作、图片海报设计和制作、素材传播等。

需要组建新媒体团队,包括文案、设计、美工等。

4. 技术平台

负责技术平台的开发、维护、升级、优化,通过技术平台实现成交下单、用户数据沉淀和数据分析、财务结算等。

前期可以通过小程序实现，便捷、和微信无缝衔接、开放周期短、成本低，后期可以开发 App，共享数据后台。

需要组建技术团队，前期推荐用外包模式，和外部的技术团队合作完成平台系统的开发。

从头开始打造自己的社群新零售系统，需要 10 人以上团队紧密配合，半年左右时间，对于企业来讲，这是一个较大的投入。当然，可以充分利用社会化力量，除了企业本身的员工外，多多对接外部资源，特别是社群成员。

有个更好的办法是复制现有的系统，产品系统无法复制，每个企业都不同，新媒体系统和产品系统息息相关，而社群运营系统和技术平台是可以复制的。我们团队帮助不少企业打造了自己的社群新零售系统，通过复制为企业节省了很多时间和资金。

7.1.2 企业启动社群新零售的流程

企业启动自己的社群新零售，要遵循以下流程。

1. 打造或选定一款产品

在社群商业模式中，产品从工业化时代的唯一变成了现在的第一。启动社群新零售应从产品开始。也许你的企业有几十种或者上百种产品，但千万不要天女散花、全面出击，那样会分散精力，一定要单点爆破，先选定一款产品，集中所有的时间精力和资源于市场，然后在适合的时机推出新的产品。

这款产品需要具备两个基因：（1）爆品基因；（2）社群基因。

爆品基因指的是高频、痛点、刚需、市场大；社群基因指的是有故事、有内容。

产品研发团队需要做好产品的规划，比如做几个系列的产品，每个系列的引流产品、盈利产品、后端产品如何搭配，每个产品的目标用户是哪些人，定位和定价，竞品分析、产品迭代的时间规划等。

2. 设定 S2B2C 模式

你的企业承担了 S 端的角色，负责产品和供应链。下一步需要招募到足够的有实力的 B 端即渠道资源。一个良好模式和机制对于招募 B 端至关重要，需要先设计好。模式要投资小、见效快、容易操作。

设计模式时需要注意以下两点：

（1）正确地使用分销机制。

在新零售中，分销模式已经被广泛应用，并在很多项目中取得了良好的效果。但是，因为国内法律存在空白，大家对分销的理解也不够深入，很容易把分销和传销混在一起。

所以，企业需要慎用分销机制，严守法律规定，在不超过三级分层的管理下，以产品销售的多少作为主要收入来源，而不是靠拉人入伙获得利益。分销模式已经比较成熟，企业在设计自己的分销模式时，可以找到当下比较热门的社交零售平台或企业，学习其成功的模式，然后根据企业自身情况做适当的修订，形成自己的模式。

（2）线上线下结合。

社交电商是单纯的线上模式，有爆发力但无法保证用户体验。线下模式是构建信任关系、获取用户心声和反馈的最佳场景。社群新零售以用户为中心，以用户需求为驱动，不能仅靠单一的线上渠道，而要更加注重场景化落地，实现线上和线下的统一。在设计企业的 S2B2C 模式时，一定要同时考虑线上和线下的布局，线上线下同价，线上引流，线下服务，线上下单，线下体验。布局线下，一是做自己的线下体验中心，这种方式利于品牌的建立，把控性强，不过投资会比较大，适合有一定实力的企业；二是借力现有线下空间，整合存量实体店，招募本身有实体的 B 端，设定好合作机制，布局好自己的产品和服务，这种模式比较轻，有利于企业快速发展。

3. 开发技术平台

小程序由于开发快速、成本低、和微信无缝对接等优点，已经被企业广泛应用。小程序功能也越来越强，完全可以承载社群新零售的运行，特别是启动前期。在数据量较大时，可以启动 App 开发，和小程序共享数据后台。

企业要根据自己的 S2B2C 模式，明确小程序的开发需求，然后由开发团队来实现。如果有自己的技术团队是最好的，如果没有的话，直接找成熟的团队合作开发即可。

社群新零售的小程序，一般需要有以下几个模块：分销裂变模块，交易模块，门店模块，含培训、交流、活动发布的社群运营模块，数据统计模块，财务模块，如下图所示。

第七章 企业如何启动社群新零售

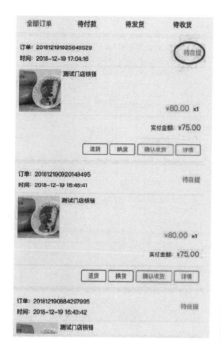
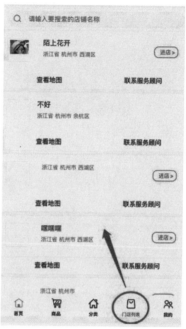

4. 招募 B 端渠道资源

技术平台开发完毕后,就可以开始使用小程序的分销裂变功能,招募 B 端渠道资源了。我们先前讲的波纹理论对于招募 B 端同样适用。先定点邀请一些合适的人加入进来,成为企业的种子 B 端,然后和他们一起做分层裂变,招募更多的 B 端。

合适的 B 端人选包括群主、社群团购的团长、微商团队长、网红、大 V、主播、商协会会长秘书长等,他们手里一般都有一定的用户资源。对企业来讲,其实并不需要太多的 B 端,质量大于数量。

5. 运作新零售并为 B 端赋能

招募 B 端后,就可以启动社群新零售的运作了,包括产品销售、社群运营和平台化运作,可以同步启动。在运作过程中,企业必须做一件事情:为 B 端赋能。

不能为 B 端赋能的社群新零售是不可持续的。B 端加入后，企业一定要为他们赋能。

（1）工具赋能。

通过培训让他们熟悉技术平台的使用。

（2）知识赋能。

提供行业背景、品牌和产品知识、运作模式、营销推广、社群运营等方面的培训，提升他们的认知和技能。

（3）内容赋能。

新媒体团队负责制作和提供图片、文案、小视频等素材，并根据 B 端的要求不断完善和增加，为 B 端上阵打仗提供充足的有杀伤力的弹药。

（4）社群赋能。

根据社群构建九剑和社群运营三板斧，构建好 B 端社群，并做好内容运营、活动运营和用户运营。社群运营和产品销售要同步启动，这一点很重要。

（5）IP 赋能。

针对业绩好的 B 端，帮他定位，为他打标签，通过文案、视频等方式为他传播，协助打造他的个人 IP。

通过不断的多方位的赋能，提升 B 端的能力，帮他们取得成绩，并吸引到更多更强的 B 端。

6. 产品迭代

爆品也有它的生命周期。产品研发团队要根据产品的规划，结合市场的反馈，特别是 B 端给出的反馈，及时调整产品策略，适时推出新产品、进行产品迭代。

7. 平台化运作

原则上，平台化运作是可以和产品销售、社群运营同步启动的。但实际运作中，一般会稍微滞后一点时间。因为刚开始的时候，还是以企业 S 端为主，B 端和 C 端还是处于较被动的地位。随着项目的进展和社群的运营，随着信任和链接的加强，平台化运作也就自然启动了。

如何运作呢？众智选产品，众筹做项目，众创做内容，众包做社群。原则就是：搭平台、建规则，大家一起来唱戏。

7.2 和现有的新零售平台合作

如果希望尽快搭上社群新零售的快车，还有一个办法，直接可以和现有的平台合作。

类似的平台有云集，主打美妆、母婴类目；环球捕手，主打美食类目；贝店，主打居家、母婴、美食类目；每日一淘，主打生鲜类目。

这些平台都有自己的合作条件，你可以联系洽谈。

但是，需要提醒的是，这些平台其实都还只是处于社群新零售三个层次中的第一层，个别的进入了第二层，没有任何一个进入第三层。原因很简单，第一层的重点是产品销售，对于业绩的效果立竿见影，而第二层是需要持续运营的，第三层更是一般的企业缺乏认知、无法把握、不敢触及的。

但是，如果仅限于第一层，对于企业来讲，持续发展一定会出问题。对于众多参与者来讲，你在上面仅仅是个买家或卖家而已，根本无法体现出社群的价值，无法发挥社群新零售的威力。

如果你的企业仅仅作为一个供货商和平台合作，无法获得渠道资源，无法获得用户数据，其实并没有什么太大的意义，建议洽谈更有深度的合作方式。

第八章
社群新零售的发展趋势

8.1 越来越多的实体企业拥抱社群新零售

传统营销方式失效，企业无所适从，看着一堆库存不知道如何解决，一筹莫展，尝试各种办法，微商、直播、实体店、地推、百度竞价……就像溺水的孩子一样，看到东西就抓，希望能抓到一根救命稻草使自己浮起来，但结果却是越来越下沉。

社群由来已久，但一直没有得到主流商业的认可和重视，2018 年发生的一件事情，把社群推到了大众视野，那就是拼多多的上市。

2018 年 7 月，"三亿人都在拼"的拼多多赴美上市了，这家从创立到 IPO 用了不到三年时间的公司，已然成了国内电商行业的黑马。上市之后，拼多多市值迅速到达了 300 亿美元，一举超过了新浪微博、爱奇艺等老牌科技公司。

拼多多采用的是社交电商或者叫社交零售的模式，靠的是微信流量，同样 2018 年崛起的每日一淘也是社交电商模式，包括之前的云集、环球捕手的快速发展，让人们充分认识到了社群的威力。

但是，某些社交电商从最开始的火爆到很快的低迷，也让人们认识到了其中的问题。如果不能维护好用户，不能为用户提供真正的价值，单纯靠低价格，也许仅仅是收割一茬韭菜的节奏。

第八章 社群新零售的发展趋势

持续发展成了大家关注的焦点。要想持续发展,就要真正做到以人为本,和用户之间建立信任和情感,不仅结成利益共同体,还要结成精神联合体甚至事业共同体,这就是社群新零售。

社交电商是社群新零售的第一层,靠社交关系中的信任关系来销售产品,是低维的社群新零售,社群新零售除了销售产品外,还注重社群运营和平台化运作,是高维的社交电商。

和企业交流时,每当提出社群新零售的模式,提到"产品和社群并行,销售和教育并行,线上和线下并行"的原则时,都会看到企业眼前一亮。2018年我们用社群新零售模式陆续运作了几个项目,取得了一定的效果。相信有了更多标杆后,更多的企业会投入到社群新零售的怀抱,特别是本身就有一定体量的用户、有线下的实体企业,更容易转型社群新零售。

用社群新零售模式打造社会化企业,是企业转型升级的最佳路径。

可以预见,在不久的将来,会有很多实体企业开始采用社群新零售模式,打造自己的社群高速公路。

> 社交零售关注的重点还是产品销售,打造的是利益共同体,容易陷入割韭菜的境地。
> 社群新零售关注的重点是用户,打造的是利益共同体、精神联合体和事业共同体,具备可持续发展的基因。
> 社交零售是低维的社群新零售,社群新零售是高维的社交零售。

8.2 真正的社群新零售平台异军突起

企业打造自己的社群新零售系统，相当于自己出钱出力修建一条高速公路，修好后，自己的汽车在上面随意奔跑，跑起来是很舒服，但是修路可没那么简单，需要花费大量的人力、物力和金钱。并非所有的企业都有实力自己修建高速公路，于是，就出现了平台，相当于一条公用的高速公路，不同企业的汽车都可以在上面行驶，交过路费就可以了，企业成本大大降低。

社交电商平台就是这样的一条高速公路，不同企业的产品都可以通过平台进行销售。

但是，社交电商、社交零售只是社群新零售的第一层，并非真正的社群新零售。

社交电商存在的问题和短板，通过社群新零售模式可以得到有效的解决。相信很快会有真正的社群新零售平台产生并异军突起，不仅可以通过 S2B2C 模式销售产品，还可以通过社群运营沉淀用户资产，更可以通过众智、众筹、众包、众创的方法，发挥每个人的优势和资源，打造更多爆品项目，结成共享的事业和命运共同体。

8.3 社会化企业不断涌现

何谓社会化企业？企业完美地将社交网络当作内部组织结构的外部应用延展，通过战略部署与技术支持在社会化网络中计划、组织、实施并优化多重商业目标，始终让自身企业组织架构与社交网络保持良好节奏，借助社会化网络不断完善和优化企业核心竞争力。

这个定义描绘出了社会化企业的部分场景，但是不够本质。我认为，**社会化企业就是打破企业的边界，推倒企业的围墙，将产业链上下游特别是用户纳入企业的需求、设计、生产、制造、销售等各个环节，真正实现企业和用户一体化，变外部交易为内部交易，打通企业和用户的通道。**

社会化企业应该具有的以下5大特征：

（1）将自身的商业目标与社会化平台紧密结合，拥有员工社交网络并内外部同步协作。

（2）拥有实现商业目标的社会化资源和技术支持。

（3）懂得如何评估商业目标的实现，并拥有适合自己的评估指标和里程碑标准。

（4）拥有社会化用户数据库并可以描述用户行为与品牌关系。

（5）懂得如何从社交网络中获取企业发展所必需的资源，并让社交网络驱动自身发展。

成为社会化企业需要一场覆盖整个企业，并改变企业行为方式的根本性文化变革；成为一个社会化企业，企业必须真诚地倾听用户的声音，并授权其员工与用户展开开放式对话。

如果你仍然在用前陈旧的语言和用户说话，你就还不是一个社会化企业。你不能用咨询顾问式的语言，或公司式的语言，或营销式的语言与用户沟通。你要将用户当友人看待，跟用户沟通时要做到就像两个自然人在对话。

你的员工每天都和用户沟通，对用户非常关心，理解用户想要什么，与用户的关系远远超过了交易的关系，这才是一个社会化企业。

在这方面,海尔是个很好的榜样。海尔提倡企业平台化,员工创客化,用户个性化,从自我封闭的企业到共创共赢的生态圈。海尔把员工变为了创客,从制造产品转向孵化创客,为创客提供了创客学院、创客实验室、创客基金、创客工厂、创客服务、创客渠道、创客营销等支持和服务,力争让每个人成为自己的CEO。

社群新零售模式会对企业进行重构,包括组织架构、项目管理、营销模式等,更加开放,企业员工和用户融为一体,通过社群运营打造成为社会化企业。

> 社会化企业就是打破企业的边界,推倒企业的围墙,把产业链上下游特别是用户纳入企业的需求、设计、生产、制造、销售等各个环节,真正实现企业和用户一体化,变外部交易为内部交易,打通企业和用户的通道,让企业全方位直联用户。

8.4 自由人的自由联合趋势明显

在社群新零售模式中,每个人都可以发起项目,并通过众筹、众包、众创的模式,聚合一群人共同运作项目。同时,每个人也可以选择适合自己的项目,以适合的方式参与进来。这类似于罗振宇讲的U盘化生存,或者叫自由人的自由联合。

在当下互联网高速发展的时代,传统公司的组织形态正在受到挑战,越来越多的年轻人不想每天打卡上班、经受各种KPI考核,而是更渴望自由的工作和生活,社群恰恰提供了可实现的途径。自由人的自由联合是符合价值规律的，是社会发展的必然趋势，不可阻挡。

打破工作的地域限制，改变大城市人才成本高、小地方人才少的现状。让人才可以不必待在大城市，老板可以省钱雇到各地的优秀人才。让小地方的人可以参与到职场竞争中，全面激活人才市场的竞争。

构建自由的联合网络，会让人可以在任何地方、联合有共同爱好的人进行合作。人在精神自由的状态下，会因为热爱而工作。无须管理，无须组织束缚，自由联合起来，团队成本会低于市场现有公司成本。

提供多样的成长环境，会让人敢于大胆尝试新的职业，给予人生多种可能。让人找到自己真正热爱的职业，最大化地实现自己人生价值。将会让各行各业产生更多优秀的人才。解决人才少、人力成本增长快的问题。

最大的商业价值是给人自由。

淘宝给了谁自由？由大学生、家庭主妇、城市无业者、农民组成的小卖家。

起点中文网给了谁自由？写手。起点中文网一举解决了读者的汇聚、发行的渠道以及付费的方式三个问题，使写手们不再只能依附于一家报纸，拿微薄的工资，过清贫的生活。

MegaStudy 给了谁自由？教师。MegaStudy 一举解决了学生的汇聚、视频课程的录制以及便捷的付费三个问题。优秀的教师们再也不用隶属于某个学校，而可以有独立的品牌和属于自己的学生。

K68 给了谁自由？设计师。

苹果的 App Store 给了谁自由？开发者。

社群新零售会给谁自由？你说呢？

8.5 新技术驱动提高效率、降低成本

社群新零售的产生本身就是移动互联网、物联网和大数据等技术日益成熟的结果,随着人工智能、AR/VR、生物识别、图像识别、机器人等技术更加成熟,应用门槛大幅降低,新技术层出不穷,领先的新零售企业将不断应用最新的科技,提升消费者的全程体验,同时提高运营效率降低成本。

只有真正将新技术应用到新零售当中,重塑传统电商的"人""货""场"三种元素之间的关系,才能让新零售真正落地,而非仅仅是一种概念的改变。通过运用大数据、人工智能等先进技术手段并运用心理学知识,对商品的生产、流通与销售过程进行升级改造,进而重塑业态结构与生态圈,并对线上服务、线下体验以及现代物流进行深度融合。线上是指云平台,线下是指销售门店或生产商,新物流消灭库存,减少囤货量。

8.6 社区成为流量的主要入口

在场地租金攀升、企业利润下降的大环境下,门店越开越小已成为中国实体零售不可阻挡的发展趋势,便利店、精品超市、社区型购物中心等社区商业将成为零售企业寻求转型升级的重要方向。

伴随中国社区零售整合、全渠道发展进程逐步加快,投资成本低、成熟周期短的社区零售必将成为支撑行业发展的重要推手。从长期发

展来看,"小而美"的社区化零售业态将更符合新形势下消费市场的客观需求,社区作为线下主要流量入口的作用将越发重要。

社群新零售是线上和线下并行,借助门店互联网化和体验智能化,实现对用户的深度服务和精准营销。门店已经不仅仅是买卖的渠道,通过新零售再创新来提升产品的附加值,给用户独特的体验和服务,打造了线下场景,成了用户体验中心。线下与线上市场必然是协同的,目标是一致的,不是竞争关系。不能把线下与线上割裂开来规划,自我产生竞争。

关于社群新零售的一些观点

1. 社群新零售,就是基于社群关系,以用户为中心,以用户需求为驱动,通过供应链重构和线上线下融合,实现按需定制的新型零售模式。
2. 移动互联网时代,商业从功能商业进化为精神商业,企业必须以从产品为王进化为以人为本,必须从经营产品进化为经营用户。
3. 如果不是基于用户,所有的方案都是错误的;如果不能满足用户需求,所有的模式都是无效的。
4. 传统商业模式的核心是产品,社群商业模式的核心是社群、是用户。
5. 传统商业模式是一维的,只有产品;社群商业模式是三维的,除了产品,还有社群,还有平台,相当于在1后面加了多个0,商业价值得到了无限放大。
6. 社群商业模式就是三段论、六个字:产品、社群、平台。以产品为入口,以社群为基地,以用户需求为驱动,通过跨界融合满足用户多元化需求,实现平台化发展。
7. 社群没有固定的商业模式,但所有商业模式都离不了社群。
8. 企业需要的是基于用户而不是基于产品的定位。
9. 以产品和供应链为中心的B2B、C2C、B2C等模式,必将被以用户为中心的S2B2C和C2B模式代替,从以产品为王进化为以人为本。
10. S2B2C是一种有效的销售模式,是一个开放的系统,是一个先进的商业模式。

11. 社群是打通品牌和用户的最短路径，是企业转型升级的利器。

12. 社群必将是所有企业的标配，不做社群的企业都是在"裸奔"。

13. 社群就是一群人、一条心、共同做一件事。

14. 社群是一群人组成的精神联合体和利益共同体。

15. 商业社会的主要矛盾已经从"顾客想要但企业给不了"之间的矛盾，转化为了"顾客想要这个但企业偏偏给那个"之间的矛盾。

16. 抓不住用户的痛点，是企业家最大的痛点。

17. 开车需要电子地图，做社群需要企业社群化地图。

18. "企业社群化地图"分为三个阶段：社群打造、社群运营和社群商业。

19. 社群打造是从0到1，相当于生孩子，社群运营是从1到10，相当于养孩子，社群商业是从10到无穷大，相当于孩子的人生发展。

20. 社群打造分为四个步骤，称之为"社群打造四部曲"：社群构建九剑、打造IP、种子用户、分层裂变。

21. 社群打造的作用是从粗制滥造变为优生优育，社群运营的作用是从用户失联变为用户直联。

22. 做社群的最佳入口，就是从知识分享和教育产品来入手。

23. 学习教育类活动是社群的基石，是做社群时第一个要设计的活动；具有一定私密性和冒险性的活动是社群的催化剂。最有效的社群活动设计，就是"基础活动+催化活动"的组合。

24. 构建社群前必须要考虑清楚四件事：聚什么人、扛什么旗、干什么事、谁来干。

25. 社群运营的原则，总结起来是三点：利他、价值、参与感。

26. 社群运营的维度，总结起来是三个版块，称之为"社群运营三板斧"：内容运营、活动运营、用户运营。

27. 无论是社群构建还是社群运营,都是一个不断动态迭代的过程,小步快跑、快速迭代,在奔跑中调整姿势。

28. 社群活动是建立信任的最有效手段,是社群的命脉。

29. 每个社群必须有自己的品牌活动,没有品牌活动的社群,很难打造出自己的社群品牌。

30. 社群活动运营四个一:每日一秀、每周一学、每月一玩、每年一会。

31. 零门槛社群就是乌合之众。

32. 社群状态地图分为四个阶段:中心化、团队化、强链接、多中心多节点。

33. 社群最理想的状态是多中心、多节点、自组织、自运营。围绕多中心多节点,形成不同的社群,共享流量和资源,共建社群,形成规模巨大的社群池,这是共生组织的基础。

34. 社群是用户主动反馈需求和痛点的最佳场所,是企业和用户建立信任和情感的最佳阵地,是推动用户从一次购买到回头客到终生用户到宣传员的最佳手段。

35. 社交零售关注的重点是产品销售,打造的是利益共同体,容易陷入割韭菜的境地。社群新零售关注的重点是用户,打造的是利益共同体、精神联合体和事业共同体,具备可持续发展的基因。

36. 社交零售是低维的社群新零售,社群新零售是高维的社交零售。

37. 用社群新零售打造社会化企业,是企业转型升级的必由之路。

38. 社群新零售有三个层次:产品销售、社群运营和平台化运作,通过产品销售打造利益共同体,通过社群运营打造精神联合体,通过平台化运作打造事业共同体和命运共同体。

39. 平台化运作的原则就是:搭平台、建规则,大家一起来唱戏。

40. 平台化运作使用的四种方法:众智选产品、众筹做项目、众创做内容、众包做社群。

欢迎加入众生活

感谢你的支持,欢迎加入"众生活"家园。

2016年,我在《社群众筹》这本书中提出了一个概念叫"众生活",是这么描述的:

基于社群资源,用众筹、众包、众创的模式,落地一个个优质项目,涵盖吃喝玩乐衣食住行,按需定制,按劳分配,各尽所能,人人受益,每个人过着自己可以把控的品质生活。不管到任何一个城市,都有自己的据点,都有一群同路人,都有身心归属的家园。

这种生活方式,就叫"众生活"。

2018年，我启动了一个项目，叫作"我的众生活"，定位是实体赋能平台，通过社群为实体企业和项目赋能，包括餐饮、快消、大健康、美容、教育五大行业，通过社群新零售打造社群爆品项目，提高生活品质，最终实现"链接一万人，落地一万个项目、影响一亿人"的目标。

众生活中已经汇集了一批志同道合的小伙伴，筛选了一些优质的有社群基因的项目，通过"众智选产品、众筹做项目、众创做内容、众包做社群"的四众模式推动着项目的发展，社群长征路、社群挑战赛等各项社群活动有条不紊地进行中。

如果你有自己的实体企业或项目，或者有渠道资源，希望通过众生活平台得到赋能，让自己的企业发展更加顺利，打造出自己的爆品项目，结识更多的人脉，打造自己的IP，欢迎加入，我们一起众生活。

扫描下方二维码添加好友，备注"众生活"，我们的小伙伴会马上开启众生活的大门，欢迎你的到来。

编者寄语

01
袁海涛

中国社群领袖俱乐部专家组组长
中国商业经济学会众筹促进会副会长
北京壹起创科技有限公司创始人

社群是品牌和用户间的最短路径，新零售是电商的优化升级，"社群+新零售"构成了以人为本的高维商业模式，必将引爆商业世界。

社群新零售，是基于社群关系，以用户为中心，以用户需求为驱动，通过供应链重构和线上线下融合，实现按需定制的新型零售模式。它分为三个层次：产品销售、社群运营、平台化发展；它分别打造三个体：利益共同体、精神联合体、命运共同体。用社群新零售打造社会化企业，是企业转型升级的必由之路。

02
翁霓燕

中国社群领袖俱乐部专家导师
百e集团社群运营顾问
蚂蚁农场社群运营顾问

我们已经从工业化时代进入了新零售时代。"人"重新成为主导。本书旨在帮助企业构建一个完整的新零售社群商业体系架构，从理论基础到运营实操，让企业获得一个完整的、可复制的运维架构。

消费者的"自我意识"在觉醒，人们的生活习惯和购买路径和以前不同了。供求关系在发生变化，从以供方为中心转变为以需求方为中心。

新零售正在推动互联网与各传统行业的跨界融合，并引发一场改变商业生态本质的革命。

03 王　健

天津团市委中青青年创业就业指导中心副主任
中国创业创新发展委员会创业导师
天津市人力资源与社会保障局创业导师

社群新零售观点的提出，不应仅仅是商品销售模式的改进，更应是以人为本的社群核心价值的充分体现。袁海涛老师多年来一直在社群方面进行深入的研究，经典案例众多，《社群新零售》一书的出版将为众多企业提供落地的解决方案，加入"众生活社群圈"，通过"众智选产品、众筹做项目、众创做内容、众包做社群"，找准自身定位，抓住优势资源，调动主观能动性，积极参与、利他共享，定能开拓出一片更加广阔的新天地。

04 魏章川

卓鸿科技企业孵化器创始人
企业实战培训师/社群商业架构师/创业指导专家

移动互联网时代的到来，消费者成了真正的主人，商家突然发现靠广告和媒体宣传已然变得不再有效，口碑变得越来越重要。这就意味着谁和消费者的关系更近、更好，谁就能掌握消费者的认知和心理，其产品就能快速渗透给消费者。社群是赢得好口碑、提升信任感的天然加速器，社群新零售是企业低风险创业、低成本转型升级的最佳利器！

05 陈星伊

北京易百和咨询董事长
中国社群领袖俱乐部专家导师

《社群新零售》一书的面世将有力助推实体企业的创新管理、提质增效，因为在"互联网+"背景下实体企业创新管理必然会向"网络信息化、数字工厂化、营销社群化、内容运营化、线下场景化、体验参与化、个性定制化、口碑分享化"等"多化融合"模式升级，从而

编者寄语

实现企业的产销协同、供给均衡，而《社群新零售》必是企业"多化融合"模式快速落地的助推器。原因有以下三点：一是可使厂商与消费者直面对话，减少广告、服务等运营成本；二是可使消费者用自己的终身购买能力与厂商进行议价，从而为厂商培育忠诚粉丝用户；三是厂商可直接销售到终端用户，没有中间商赚取差价。要做到这三点，建议实体企业上下协同打造新型的学习型组织，认真学习领会《社群新零售》的道、法、术、器、势，助力企业的新旧动能转换和创新升级。

06 李 汶

利他大学创业营导师
爆品成交专家
众生活圈合伙人

恭喜你在读这本书，2019年是分水岭，是社群商业元年。《三体》中有句名言：我消灭你，与你无关。消费战略升级了，你不升级是什么结果？本书必将助您驶入战略转折快车道。

07 刘玉莲

OMG韩娱制片人

众筹，让我们可以享受更多优质的产品，同时也可以结交很多志同道合的朋友。这是我参与编写的第四本众筹的书，感谢一路同行！

08 张家强

三合庄园（百子空间社区分享联盟）创始人

不同的时代出现了不同的商业模式，社群经济至今依然存在着，社群众筹是企业及个人资产投资风险最小化的有效工具。

09	北京中成信诺税务师事务所财税顾问
陈 哲	企叮咚（北京）营销中心联合创始人

　　社群新零售是趋势中的小趋势，它值得每个企业思考和落地。很期待本书的出版，在社群新零售的发展中，给大家提供更多的思考和方法。2019 年，一起抓住属于我们自己的小趋势。

10	浙江舌尖之恋实业有限公司董事长
叶志勇	柬埔寨浙江总商会副会长
	浙江青田侨乡进口城红酒协会监事

　　如何让社群有灵魂、有生命力？服务好社群成员、共享收益、共享资源。信任、相互支持；快乐、健康生活；文化、传承及弘扬。

11	大爱智业联盟创始合伙人
马启军	首届中国企业大学论坛操盘手

　　新生活方式与新商业模式是很多人梦寐以求的。袁海涛老师不仅向我们阐明了"众生活"的新思想、新理念、新方法，更为我们提供了"我的众生活"这一社群新零售工具。可以说，大众美好生活的解决方案在日臻完善。

12	海井文化传媒创始人
李海峰	前左企业管理咨询创始人
	金兰朵博德整体家装合伙人

　　从马云首提"新零售"以后，各行各业、各专家学者，都在提出相关概念来解决企业问题，但是并不接地气。然而，袁海涛老师提出的"众生活"模式涵盖了社群营销、社群众筹、社群新零售等方式，不仅在线上成功引流，还做到线下成功落地，是目前可以灵活运用到各个终端的"安卓"营销方案的母版，将成为我们很多

编者寄语

企业营销时的综合平台工具。相信通过阅读本书会让读者走出"围城",柳暗花明!

13 滕月
中国社群领袖俱乐部社群活动策划导师
中国社群领袖俱乐部社群运维官
百 e 社群运营专员

"互联网+"时代,人与人之间的沟通成本极大降低,但信任是商业交易的前提,社群是在信任的前提下,品牌与用户之间的最短路径,成本最低且效率最高。期待社群新零售引领我们进入消费新时代。

14 张开凤
中国社群领袖俱乐部高级社群运维导师
中国社群领袖俱乐部社群架构师
500 强企业内部社群运维导师

社群新零售是以消费者体验为中心,以满足用户需求为核心,用定制服务做到先社交再成交。

15 吴建
三合扶阳咨询管理有限公司运营总监

时代的发展促使零售行业在不断变革,下一个时代将会是社群新零售时代,其解决线上引流、线下落地,建立产品入户便捷通道。社群新零售将集众人之力、众人之财、众人之物于一体,实现自我营销与自我管理,从而共创、共享、共发展。期待社群新零售时代的到来。

16 任羿
威海市金扬珊文化传媒有限公司总经理
金扬珊文化产业联盟发起人

资源的背后是人的聚集,共赢是社群新零售的前提,一群人,一条心,共做一件事。与袁海涛老师结识已有三年半的时间了,聆听过袁老师的有关社群新零售的讲座,并跟随袁老师创业——我的众生活。新时代,新方法,新成就。期待社群新零售能遍地开花!

17 王俊杰

实战培训师/众筹架构师/社群践行家

新加坡目之道中医眼科中国区公司联合创始人

深圳蔓莎啦蒂健康管理有限公司创始人

商业环境变幻莫测,谁能拥有用户并抓住用户的心,谁便能领先于对手一步。袁海涛老师采用社群新零售的方式并亲身实践,打造出了一个个优秀的企业并取得了非常不错的成绩。你还在为企业的转型升级而愁眉不展吗?你想从"乡间小道"驶向"超高速赛道"吗?本书将给你答案。

18 吴文高

橙上来科技董事长

爱么AMO都市共享庄园联盟及亲子社群"篱笆荟"创始人

吴晓波老师在跨年演讲中提出:圈层社交、私域电商、会员制这三种具备相互连接属性的社交模式是2019年的三大商业模式创新。但其如何落地,请看袁海涛老师的"众生活"模式。它清晰地叙述了商业模式创新的逻辑,即从商品的代理人到用户的代理人,打破品类界限,围绕人群来经营,改变了传统商业中把某一类产品通过广告和营销进行售卖的模式。没有销售但有千军万马,没有广告但有裂变转化,没有渠道但有精准流量,从而一举解决了中小微企业"流量不足、利润不够、黏性不强"这三大痛点。相信阅读完本书会提升你的认知,结合企业的情况去采取措施,从而打造与用户相连接的命运共同体。

19 于灏

"漾度"创始人

这个时代,是每个人都可以大显身手的时代,同时也是一个淘汰率非常高的时代。这个时代,是人的个性被不断释放,兴趣正在成为谋生手段的时代。

在这个人人都是电商、人人都是自媒体的时代，互联网经济学会在社群活动中诞生。"漾度"就是与这个时代能够产生共鸣的平台。在这里，我们将会引领互联网向社群转化，引领线上向线下转化，充分帮助经营实体经济的你早日实现盈利。

20 肖 晨

将游派 App 联合创始人

马云曾说，纯电商时代很快会结束，未来可能没有电子商务，只有新零售。在"互联网+"的时代背景下，关于新零售的话题迅速在各行各业展开，线上+线下的模式如何落地等已成为各企业争相研究的内容。

2019年，谁把握住了社群这个风口，谁就掌握了获利通路。未来，社群是一切商业模式的流量入口，含金量巨大。

21 王 攀

人人投联合创始人
商业邦河南区域总经理
乐体健身培训学院院长

2014 年以来我一直专注于线上众筹领域，参与了中国首家店铺股权众筹平台人人投的全过程发展，在众筹行业内算是资深人士。偶然机会看到了袁海涛老师的《手把手教你学众筹》和《社群众筹》两本书，认真读完后受益匪浅，这几年来自己操作众筹案例中所遇到的困惑和问题也迎刃而解。此后我又在北京参加了袁海涛老师的社群认知课程，全面系统地学习了社群众筹的理念。与袁海涛老师亦师亦友，在社群和众筹的道路上他给予我很大的支持和帮助。感恩结识，希望《社群新零售》能给读者带来帮助！

22 张少杰

天津双创服务中心联合发起人
中企慧谷创业空间服务机构运营合伙人

做任何事情都要有一个执着认真的态度，集思广益，海纳百川，才是一个成功人士该具备的思想格局。新经济形势下，企业不仅要考虑同业合作，更应考虑跨界联合，《社群新零售》一书诠释了项目运营过程中的每一个关键点，解决项目落地难的问题，引领经济新潮流。

23 聂燕

北京黔菜协会常务副秘书长
北京启明宏大技术培训中心执行董事

餐饮业是典型的传统行业，是万千创业者摩拳擦掌的领域，也是天使投资者垂涎欲滴的沃土。随着时代的发展，科技的进步，对现代餐饮业的要求会更高，不仅要在菜品上创新，在原材料开发上有所作为，还要突破传统美食的概念，让美食更安全、更健康，经营模式上更加个性化。

袁海涛老师经过多年的摸索，利用超前的社群众筹、社群运营方法，对经营者、菜品开发者、美食家、食客们、餐饮供应链参与者等，进行完美的连接。期待《社群新零售》给读者带来最新观点和理论模型，为贵州深山中的原生态美食走出去指明方向！

24 丛才卜

情关科技创始人
爱命家创始人
浅深文化创始人

《社群新零售》体现了两个关键词，"社群"与"新零售"，社群是具有共同价值观的组织，新零售是扑面而来的潮流和机会。

袁海涛老师有多年商业运营经验，亲自设计了多个众筹项目，一边实践一边传播，一边运作一边总结，一边提炼一边输出。《社群新零售》一书是关于新零售的思考呈现、经验分享以及趋势预判。要以发展的眼光迎接潮流和机会，相信本书会帮读者开拓思路。

25 胡庆华

菩德（广东）生物科技有限公司总经理
梦客商学院创始人
蜂巢空间联合创始人

新零售模式中，社群运营是关键一环。零售企业将分散的用户聚集起来形成用户社群，通过高频互动形成独特的社群价值与文化，增强用户对社群的心理认同与情感归属，然后以社群为基础构建商业变现模式，将社群成员转变为企业客户。新零售并不是一个概念噱头，而是针对传统实体零售和线上电商模式面临的发展困境提出的有效解决方案，本质上是一种"传统零售＋社群经济＋电子商务"的创新零售形态，也可称为"社群新零售"。

26 何金霞

四川华新众恒保险代理原始合伙人
义可工作室创始人

社群是人与人之间的强连接，认知同频，即"确认一下眼神是对的人"。信任使然，筹人、筹资、筹智，在流量为王的新经济时代，共创共享很重要。希望《社群新零售》能给读者带来帮助！

27 杨 静

双创联盟服务中心教育培训综合体创始人、合伙人
顺浩文化传播有限公司商务信息咨询中心联合创始人

最近几年一直关注线上众筹平台，始终没有看到太好的落地解决方案，直到我参加了袁海涛老师的培训课，让我受益匪浅，也让我学习了更全面系统的众筹模式，提高了对众筹的认识。《社群新零售》清晰地讲述了商业

模式创新的逻辑，提出要打破品类界限围绕人群来经营。希望本书能帮读者为自己的企业规划出更美好的未来。祝袁老师新书大卖。

28 沈华

精英女性部落创业服务俱乐部联创合伙人
"微米商号"与"微森教培"品牌联创合伙人
中国商业经济学会众筹架构师

  2015年12月我参加了首期众筹架构师培训，了解了众筹就是将自己的资源、人脉、智慧、创意等共创共享；公司从公益起步，经过多年的探索，启动了新零售模式，线下体验店+线上F2C模式结合，以C端用户和B端企业的需求为向导，让空间共享走进社区，打造了一个全新的智慧社区综合便民服务平台。微米商号扎根社区、服务社区，致力于为社区居民提供舒适、安全、便利的生活所需产品与贴心服务，将温度带给每一个有微米商号的社区。

29 刘晓娜

中国O2O商业早期践行者
大连久恩文化传播有限公司创始人
《O2O落地：触点场景派的27堂必修课》编写者之一

  移动互联网及社交软件的飞速发展在不断推动商业创新，社群新零售将成为下一个风口，其本质是"传统零售+社群经济+电子商务"，社群因其能快速聚合有共同需求、爱好、价值观的庞大群体而成为重要的流量入口。社群新零售运用线上运营及线下实体的支撑打造生态营销圈，是对传统零售和电商平台的升级。《社群新零售》通过三个层次——产品销售、社群运营、平台发展，系统地为大家进行了诠释指导，并利用"众生活"平台带领大家践行这一模式。

30 黄金哲

延边盛友集团股份有限公司董事长
延边朝鲜族企业家协会常务副会长兼秘书长

> 社群新零售是接地气的升级版电商模式，它将社群运营、电商销售、平台运营有机地结合在一起，必将是最具生命力和竞争力的营销模式。

31 罗敏

北大光华管理学院博士后
北京敏创成辰教育科技有限公司 CEO
互联网金融众筹促委会秘书长

> 社群可以作为零售的一个重要渠道，为其带来精准客户。在移动互联网时代，社群新零售玩法层出不穷，社群新零售能帮助获客及留客，提升流量和收入，值得好好研究、学习和应用。

32 郑惠

汇丰投融国际教育咨询北京有限公司
北京众星强瑞科技发展有限公司
"自性管理"颠覆传统薪酬制度课程创始人

> 《社群新零售》系统阐述了让社群真正产生经济效益的策略与方法。

33 袁戎

北京冰川资本管理有限公司董事长

> 我们将进入新零售时代，《社群新零售》将指导你如何落地执行。

34 王明坤

中国展会招商信息网 CEO

> 在新零售时代，新经济将在5G快车的航程里高速发展，我们作为中国经济的一分子，也将进入"新零售展会"时代，让我们选好车厢，选定座位，共赴目标吧！

35 邓青山

广州女神网络传媒 CEO

随着互联网的迅猛发展，人的社群属性越来越明显，在一个个社群中，每个人都在扮演着不同的角色。袁海涛老师打造的以社群新零售为基础的"众生活"，利用互联网新零售思维配合完美的系统运行，势必会成为新零售的新契机。

36 韩成英

黑龙江省林泉种业

跟随《社群新零售》走进新零售发展的快速通道！

37 祝淑婧

中国社群商战营创始人
互联赋能商学院创始人
众生活社群合伙人

当下整个商业正在发生深刻的变化，从物以类聚走向人以群分，从工业时代制造产品再匹配用户，到信息时代用户为王需求定制，这就是建立在用户基础上的社群新零售趋势。

38 王庆胜

海豚假日（私人假日定制）创始人
企业实战培训师
创业指导专家

在互联网时代的新浪潮里，我们的商业社会从以前的渠道为王，终端为王已步入产品为王和社群为王并举的新模式时代。以产品为核心，社群为依托的新零售模式，以不可阻挡之势，正在浪潮叠加的呈现在当下。《社群新零售》为我们提供了新思路，新模式，新方法和新架构。

39 李佰儒

天津双创服务平台联合发起人
天津栩言科技合伙人

各个时代新营销模式的创新，使"人类社会"这个自然界最伟大的社群在不断跨越式发展，使其凌驾于地球所有生物种群之上。在这其中会面临时代的重重挑战，但我们依然有勇气能从《社群新零售》开始，尝试创立一种商业新模式。

40 董顺立

可可鲜生品牌创始人
董老师创业烩联合创始人

新零售是打通了线下的实体零售与线上的电商及微商。通过网络互联产生的社群将会有更多、更强大的需求。社群新零售将产品、服务与需求相结合，通过线上与线下的互动，满足成员的需要并产生巨大的效益。

41 李诚民

天津牛商会会长
天津双创优秀导师
知名活动营销策划人

社群新零售是销售与科技发展充分结合的商业新模式，此模式将引发新商业格局的改变。